S0-BGD-140

NÉSTOR BARRETO

# LEGIÓN

## POEMA PÁNICO

EDITORIAL DE LA UNIVERSIDAD
DE PUERTO RICO

Primera edición, 2001
©2001, Universidad de Puerto Rico
Todos los derechos reservados

Catalogación de la Biblioteca del Congreso
Library of Congress Cataloginng-in-Publication Data

Barreto, Néstor.
      Legión, Poema Pánico / Néstor Barreto.-- 1. ed.
             p. cm.
      ISBN 0-8477-0127-1 (pbk.: alk. paper)
             1. Title

PQ7440.M414 S84 2000
863'.64--dc21                    99-087017

Diseño total de la edición:
Néstor Barreto

Impreso en los Estados Unidos de América
Printed in the United States of America

Editorial de la Universidad de Puerto Rico
PO Box 23322
San Juan, Puerto Rico 00931-3322
Administración: Tel. 787 250 0000  Fax 787 753 9116
Dpto. de Ventas: Tel. 787 758 8345 Fax 787 751 8785

NÉSTOR BARRETO

# LEGIÓN

## POEMA PÁNICO

## Curación de un poseso

5 ¹Llegaron al otro lado del mar, a la región de los gerasenos, ²y en cuanto salió de la barca vino a su encuentro, saliendo de entre los sepulcros, un hombre poseído de un espíritu impuro, ³que tenía su morada en los sepulcros y ni aun con cadenas podía nadie sujetarle, ⁴pues muchas veces le habían puesto grillos y cadenas, pero él había roto las cadenas y quebrado los grillos, sin que nadie pudiera sujetarle. ⁵Continuamente, noche y día iba entre los monumentos y por los montes gritando e hiriéndose con piedras. ⁶Viendo desde lejos a Jesús, corrió y se postró ante El; ⁷y gritando en alta voz, dijo: ¿Qué hay entre ti y mí, Jesús, Hijo del Dios altísimo? Por Dios te conjuro que no me atormentes. ⁸Pues El le decía: Sal espíritu impuro, de ese hombre. ⁹ Y le preguntó: ¿Cuál es tu nombre? El dijo: Legión es mi nombre, porque somos muchos. ¹⁰ Y le suplicaba insistentemente que no le echase fuera de aquella región. ¹¹Como hubiera por allí en el monte una gran piara de puercos paciendo, ¹²le suplicaban aquéllos diciendo : Envíanos a los puercos para que entremos en ellos. ¹³Y se lo permitió, y los espíritus impuros salieron y entraron en los puercos, y la piara, en número de dos mil, se precipitó por un acantilado en el mar, y en él se ahogaron. (...)

Marcos 5, 1-9

# LEGIÓN

## 01. EL LIBRO SUELTO

No adulteres el mosto que hierve en tus lagares

con esencias extrañas,

y así, te dará un vino sencillo pero puro,

porque es vino de casa.

Luis Palés Matos (1898-1959)
Fragmento de *CANCIONES DE LA VIDA MEDIA* (1925)

# Metapoiesis

**1**

Discurso del Deseo ofrecido en suspenso,
en el terror de que no hubiera libro en mí
Sobre retaliaciones y alianzas y
Otros temas extraños:
5 o más teorías sobre la censura
Nuevos modales en las artes intensas
Prana local para una cabeza perdida:
Cosas de hoy: Falsa pasión, muebles muermos,
Pequeños servicios que brindan
Narciso y sus radiaciones:
El amor posesivo de un alma cautiva HACIA
Sus partes femeninas

El león no ser tan fiero
Permite que me extienda en esta parte que es a
      la que yo pertenezco
Te enseña a ser amada[o]
Te enseña diez cielos
Aparte

Tiene el presentimiento de algo fatal y
Dos monstruos de nube colisionan
Siente los pelos en la lengua
Fijación con la madre equivocada
Deseo sin capacidad
Fósiles de listas
Copias de copias de copias

Siente la lengua ajena del incontinente
Bajo las nubes de un título

Pero quiere ser cinta negra en karácter
No sólo aparentar ser mar]c[t]iano.
Quiere desde la tranquilidad del horror
Perseguir los perros mimetizados al paisaje-
Mensaje

Y poder disfrutar la noche
y jugar alevoso con todas tus llaves
empezando por un extremo entrante

Que nadie sienta que pueda verterse como nosotros
        en nosotros
La guardia tan baja que crea que
le pasan cosas
Que no serían posibles ni exagerando su naturaleza

Cada milagro es una carencia
¿O.K., su majestad?

Estos muchachos nuestros
que segun Chú ingresan al bestiario del futuro
Lo cierto es que ven la gente como frutas y no
        extrañamente eso les niega muchas fronteras
y les exime de muchas despedidas
Viven como ratones de ferretería
Lamiendo tuercas y tornillos

Estos muchachos no son
ni harán nada de lo que dicen
Se distinguen porque dio la casualidad o
son príncipes y princesas populares o peor,
atorrantes del Noser en compañías miquimaús
montados en alguna legislación

En el fondo les tiene que gustar todo:
el poder, el reino, la gloria

Serán selenorriqueños y alegristas pero…
*Marinerito sobre cubierta*

Es otra vida bajo otro cánon
Mira cuando lo puedo publicar

A rebato:
El espíritu de la desobediencia con sus tetillas azul
        cobalto y unos complejos originales de Cupey
        me dieron tamaño pico
Radio cruel,  presenta una alegoría del mantengo
seguida de un programita de canciones de verdugia:
*Trasteando la nena, Madre cuanto valgo,*
joyitas del folclor

Todavía no me veo

O me veo dando bandazos
En un despaís practicando su desligión a mi forma

O sea, a la que me discipulé en un principio
En el que tengo que haber sido mejor
[*Tawa, Pérdida Total* Vol X Num3., Marzo 1964].

Creo que se podrán cumplir las promesas,
materializar los portentos,
concretar las dudas
Pero antes algo tiene que morir por los ojos
Y da la casualidad

**2**

Le preguntan por qué si su intención expresa es
       comunicarse con el promedio no usa un español
       reconocido
Responde, —Mi intención expresa no es comunicarme
       con el promedio sino contigo
Si tú me entiendes, estoy—

—Andate— llegas a decir

Mientras, el otro se dirige al dependiente con estas
       palabras —Dame una cajetilla de jibarita…—
Pues está en un futuro remoto donde los problemas
       van a ser otros
Llueve y llegas en el momento en que te esperaba

Tenía este oído bailando en leche
Y el otro independiente de la opinión
Por informada que viniera
Iba de la rebeldía al absurdo, orgulloso,
Petulante casi, como crítica al prevalor

La imagen se le había ido hace tiempo ya
El Transformer del nene atacó al perro, matóle.
       ¿Que hacer?
Perdonar, ¿no?… ¿No?

Como se dé cuenta de que no se puede matar al
Transformer sin matar al nene
Tratará de explicártelo pero inútilmente

**3**
Oyes un fondo de algo que puede ser un aguaje,
       cuestión de dos nadas embistiéndose,
       roncha tratada de calmar con oraciones,
       pena en el sentido cubano, aun sin quererla
       identificar
Cosas perdidas de tan descreídas


**4**
Lo que le tomó años unificar
en lo que había invertido su tiempo
Lo poco que había entendido
listado con la idea de ayudar

La idea de ayudar lo acosaba
Y este aceptarlo
este acercamiento metódico
espirituoso, obcecadamente sano al grado de
       salvante
en lo que a su sujeto[a] refiere

[en esta parte de sus inventos]
pasaba por terror, por amor, esas excusas
       universales

**5**

Cosas que en teoría funcionan, entre ellas ésta
       salen mal
cosas cuyas posibilidades son las de una llovizna en
       el infierno:
Delirios de rescate de un náufrago en un área para el
       que no hay carta o mucho peor:
Salidas de donde lo que se necesitaban eran
       entradas y
Demasiado conciencia para el bien de nadie,
salen perfectas

Muchos sentimientos caducan al momento de verlos
Entonces pronto se acaba lo que se da

Como Julia con su
filosofía de tonta
[Mala de Aquí]
que el mero volumen la volvió balística


**6**

Aquellos que afirman que Dios aprieta pero no ahoga
No lo conocen

El alma como el cuerpo cuando se machuca es más
       sensitiva
Pero la carne no está en el garabato por falta de gato

**7**
**Llega un momento que hay que salirse de escena,**
 **concurro con Anselmo**

**Yo opté por vivir en tus oídos ácidos de excusas**
 **mi niñez espuria**


**Esta es  la escena como se encuentra donde pienso**
 **dejarla**

**Además de mi teoría de la interlínea**
**[entre uno y otro adagio que someto al acervo]**

**No quiero que digan que te traje con engaños a nada**

**8**

Como el obrero en la grúa, que lo ve todo desde arriba como
        un ángel,  pero sigue siendo un esclavo
yo sigo siendo un esclavo
Como el deambulante, que cuando despierta
sigue siendo él, yo sigo siendo yo

No puedo organizar viajes chulos sin extasiarme

Hago la obra de un tipo buena gente que a un sector
        considerable le encanta odiar

Perdí toda noción de conformidad
Desde antes del arresto

No soy un empirómano

Como lo que yo trabajo mucho es el sentimiento, me entra
        mucha
mucha broza

Amo el fogaje
Me siento en él como si tuviera religión
[aunque ya tengo cómo sentirme:
como si diera liebre por gato, por libre]

Lo que era depresión es ahora una onda tropical
Algo para pasar el macho [y la hembra] a un lugar que
o ya yo dejé o al que no he llegado ni llegaré jamás

No sabes cuánto me gustaría no estar en un palacio de
        debilidad,
ni cuánto dejarme de preocupar por mí [nosotros]

**9**
Siento el eclipse

Estando de refutador profesional en un sitio contento
      con la norma me pasa lo peor
Como una nenita casada a deshora
me disfrazo de señora que ha visto el mundo
y casi nadie se da por aludido

Oculto los mensajes en la claridad
Como un roble encendido,
sin más ni más

Al descampado
Una de cal y una de paja
[Te puedo dar todo, Dalila, excepto entusiasmo]

Afuera
En la calle del Agua de la feromonología del placer
Prueba inconsciente de la díada palacio / hormonas
      traicioneras

En tu cara
En gran parte para vender la idea de
una histeria mala y una buena
y la influencia de mi propio optimista
Sí. Sí, sí, sí, sí

**10**
Poeta del horror, de toda la vida
Huyo de los anheloides y como estos son tan
        frecuentes en palestra huyo della
Publico las descomposiciones del ángel alzado que
        me dan unos años de arte aun en la Grúa

Como un adicto frente a un espejo
Como un trotador bajo la lluvia
Como una científica política en un banco
Al independizarme del sentido común
me vuelvo a llenar de expectativas


**11**
La mañanita es el fauno
Visto por el poeta [en el estanque] al precio de su
        alma inmortal
Blando anuncio de que no hay límite

## 12
### NADA QUE NO SIGNIFIQUE NADA

Amor de cerca
Ciudad original
Amo
Acabe

### CASA SOLA RANCHO APARTE

Frontera entre lo abtruso y lo albañil
La muy putilla
Pensaba que conociéndome mejor haría más lento
El tren demasiado intenso y demasiado interno
Que entra a la ciudad con nombre de duende

### PREDILECCIÓN QUE HAY QUE GRABAR

Libertad separada

### ACABAR CON ESTA ACTITUD

Cualquier guerra menos la nuestra

### ASOCIACIONES FAVORITAS

Actividades aéreas
Bellezas del exceso
Expertas en sonido
Una vida en el crimen

**IDEAS PREVALECIENTES:**

1. Bad Boy 1
2. MOROSO
3. En el rapto este carro se quedará sin
   conductor.
4. Cristo viene. Pepsi lo trae.

**DIENTES RADICALES**

Muy exagerados informes de individualidad
Casas vacías
Sueños de adecuación, de emancipación y de
   suerte
Pájaros bobos

**EL REMOLINO**

Igual sueños que no funcionaron
Sueños equivocados
Reuniones sin los directores
Alugares familiares aún sin aceptación
Obsesiones pendejas al lado de obsesiones
   magníficas,
Pedanterías

## Lo mejor es enemigo de lo bueno

Para todo racional menos para él
De rey de la calle
Desamparos
Desposesiones
Deambulaciones
Histerias básicas que hay que pasar para calificar

## Las reglas de la imagen

Vistas que son mucho decir
Una crítica por anhelo
Oportunidades perdidas, encontradas y vueltas a
          perder
Controles de gordita

## Imaginaciones crónicas

En LosTres Mundos

## Fantasías del encadenado perpetuo

En persona

**12**
Me preguntas x ese milagro
Me dices
—¿Y ese milagro…?—

—Un arranque de calma—

Manos independientes
Trigueñas
Están acabando con los gestos bonitos

Se dejan tatuar sus cucos
Por un amor que sólo les llega hasta mayo

Cosas de la Isla
Sobrenombres
Que una noche bañándonos nos dan

Dichosos, los ojos
Las cabezas, llenas de símbolos bizarros
Y fantasías de otros

Espejistas convertidos en sal
Angeles, esfinges, pegasos
De tendencias alcistas

Ejemplos de ejemplos

**13**
**Ahí está**

# Pasados alternos

**1**
Dios bendice al que ha tenido infancia

**2**
Como las ideas, que abandonan al factor
Fe-haciente y lo dejan desamparado
Ante la mujer que pasa y la ciudad sabida
Como el ácido comiendo metal

Es la ley de Ná[da]

**3**
Fui enemigo de una gente bien jodida de mente armada
con este paquete de derechos
Trabajé la descomposición total de mi ser bajo la égida
de una compleja emoción
Y de unas querencias de las cuales nadie, incluidos
nosotros, era responsable

# Néstor llamar Angel a Ponce

Como la mariposa que cruza el valle para morir de
    parabrisas
Como la lluvia que agrisácea la esmeralda, el oro,  lo
    que era azul.

Apalabro esa cualidad
Que es ¿qué?

¿Un accidente más en la autopista ¿o
La muchacha ensopada que la recorre llorando?

# Yo he perdido dones

Yo he perdido dones, uno es este

Ya se veía todo venir

Como un japonés en el puente
[que si no fuera por Hato Rey no sería en ningún sitio]


No se puede entender
que no haya puente, ni canal para defender
ni hombre con caja de herramientas, sin turno
ni sobresalto de templador

Ni voy a morirme
creyéndome merecedor [si no hechor] de las nubes cosas


Como un esclavo que rotundamente se niega a todo
Cara carimbada
mi rada perdida
Para que corra toda la gama de nubes vivas
metiendo una lima que ningún metalurgo alega haber bruñido
cruzo puente y lindero de la suerte
y toco colina

He transcrito literalmente
un arrebato de hipercepción:
*Perdóname, mientras beso este cielo*

**Auch**

# Víspera de la creación

**1.**

Miedo a empezar
Ciudad a la merced de un viento de sal
—Una cosa rarísima—
Miedo a aceptar que lo importante pueda ser portátil
Cosas de la raíz que haya que mondar
Cosas que se han transmitido como astucias pero que en
      realidad
Laboran sin posibilidad de triunfo en contra de la iniciación

Ya toda prueba de voluntad la incluye
Ya no hay dispositivo fijo, tradicionable que no falle en su
      futuribilidad
Se atraviesa una casa se supone sea atípica, en puntillas,
como una corista en el lago

De los dispositivos se ha abusado pero del lago
sale el espejo

Feraz
Sencillista
Es un explorador ideático a tiempo completo en una
      expedición de reconocimiento
Siente que debe comenzar
antes de dejarse probar

Dejarse sería el dispositivo pero es
Empezar, vencer ese miedo más

**2.**
Miedo que
no se puede explorar sin derrotar
Pero que se puede negar mientras no se descubre

Apre[he]ndido
De cada instante fuerte su grano de sal
Al piste dedicado discreto

Al quedar cupo
igual que al establecerse en el capital
sufrió deshoje de negarita


**3.**
Néstor, llamar isla
Rechazar  consejos
Conseguir aspas para alma
No buscar posición en el oligograma

# A Filí Melé

Cuando por casualidad nuestras miradas se encontraban
me entraban dos mojones de granito por los ojos
Nos habían presentado por lo menos seiscientas veces
y aún hacías como que no nos conocíamos
Cuando nos dábamos la mano
una moría al tocar la otra

Si te ofendí fue en otra vida de la que tú tienes memoria
             pero yo no
Pero si te ofendí
¿qué nos haremos?

Cuando nos presentaban los amigos en común
siempre pasaba un momento de espuma
Algo inconcluso roía algo inamovible e intragable
Tratábamos de continuar
como si que pasara el ángel fuera un tributo a pasar

Yo no tendría inconveniente en empezar en 0
y volver a mirarnos bien
Todo tiene derecho a cambiar y aunque es cierto
que no todo tiene que ser perdonado
si incluyeras lo que fuera que yo te hice en la lista...

# Phobos interruptus

### DECÍA CHINGAR ES SAGRADO

Decía chingar es sagrado
y en eso incluía todas las formas de chingar

Hay una moda eterna en la que buscaba señales nunca
antes copiadas

Sobrevivía aunque fuera
de forma ilegible

### FORMA ILEGIBLE

Decía, Amar es dotar
y aunque su colección de bosquejos le valieron el mote
de p$^{[r]}$o$^{[f]}$eta
se había alzado desde el trabajo y así estaba

### ASÍ ESTABA

Cuando tú lo encontraste
Le correspondía un pedazo considerable de luna

Era con toda probabilidad inocente pero sólo de lo que
se le acusaba

Estaba, creía, claro
No era de iglesia

### NO ERA DE IGLESIA

Creía en el poder del interés
y más en el del que conocía, que
añadía a la lista como enlunado

### COMO ENLUNADO

Consideraba sus vibraciones de raza y las
comparaba a saetas
Entendía los dioses de todos y no veía bondad en
negarlos

### NO VEÍA BONDAD EN NEGARLOS

Estaba orgulloso por estar confundido y no lo
contrario
Educaba con un refranero y su sombra

dejaba salir un instinto demasiado rebelde al oficiar

### AL OFICIAR

Volador frecuente
decía —No importa la línea aérea —
pero exageraba [mentía]

# Phobos Continuum

## 1

Miedo no, terror
A cada cosa por su cuenta

A la soledad diversa como a los ejemplos
que son memorias selectas al parecer inocentes

que a primera vista ciegan al [la] que ya es profuso[a]
que dista de la promesa pero que se hace


## 2

Que tú no lo conozcas
no quiere decir que no exista

Advertencia vana
si ya tienes el alma corrompida

**3**
Se siente como el padrastro
al ver [la primera vez] la hijastra adolescente cruzar en
       panties
del baño al cuarto
una mezcla de sorpresa, culpa, inocencia, maldad y pánico
Aún no es hechor y ya hierve

Se siente como entrar a un baño ajeno en plena vomitera
esa vaga esperanza de que esté limpio para lo mucho que se
       quiere

Se siente como la Anorma se apropia de lugares comunes y
       los destina, algunos a servir en las fuerzas armadas
       otros al frente civil

Como si en la sosera protegiera lo más herido
Habiéndoselo inventado primero
desde su más rastrera inclusividad a su más elevante

**4**

Miedo a que le echen la culpa por algo tan antiguo que ni
       edad demuestra
A algo que se mueve por actos esporádicos de obcecada
       locura
y le recompone una oración aérea

Y miedo al resultado razonable [al principio]
que proviniendo de una plataforma irracional es
       polidividible
e inexistente y aún así
se comprende

O a terminar asesinado
por cualquier racional

Ser mandado a las nubes cosas
a una navidad sin reposo
con un Papá Noel de soberano
a lo cristalino de ser impotente sin límite
como un japonés en el puente de Martín Peña [Ver página 18]

Miedo al ridículo si es ridículo sin base
Risa que si algo puede ser
es miedo amarrado
cuando el ridículo es siempre decidido por mayoría

**5
Miedo creador
espera ser obvio**

# Te lo presento

¿Qué le das?
    La herida
¿Qué le metes?
    Sal pa[ra] curarla

¿Qué le das?
    Ciencia
¿Qué le metes?
    Ideas de mi parte

¿Qué le das?
    Perspectiva
¿Qué le metes?
    Una noción alta de sí

¿Qué le das?
    Algo volante
¿Qué le metes?
    Dulce guerra

¿Qué le das?
    Azotes
¿Qué le metes?
    Necesidad del monstruo
¿Qué le das?
    Muestras de vida
¿Qué le metes?
    Nada nuevo

¿Qué le das?
    Achiote
¿Qué le metes?
    Entendidura

¿Qué le das?
    Esperanza
¿Qué le metes?
    Vistas de la frontera

¿Qué le das?
    Cropolalia
¿Qué le metes?
    La feca

¿Qué le das?
    Posesión
¿Qué le metes?
    Línea aérea

¿Qué le das?
    Resumidas cuentas
¿Qué le metes?
    Leve idea de lo que simplifica
¿Qué le das?
    Saber del que está en remisión
¿Qué le metes?
    Lo que al final es fe

¿Qué le das?
        ¿Que tiene?
¿Qué le metes?
        ¿Puede no venir de afuera?

¿Qué le das?
        Cardo
¿Qué le metes?
        Ortiga

¿Qué le das?
        Parte de mi pasta
¿Qué le metes?
        Lo que quepa y un poquito más

¿Qué le das?
        Ausencia
¿Qué le metes?
        Tú, que conoces

¿Qué le das?
        Principios de angina
¿Qué le metes?
        Pena de pecho

¿Qué le das?
        Lustre
¿Qué le metes?
        La guerra en arte

¿Qué le das?
    La vista
¿Qué le metes?
    Comentarios del inferior

¿Qué le das?
    Antrax
¿Qué le metes?
    Azúcar de la amarga

¿Qué le das?
    Una dosis de dardos posibles
¿Qué le metes?
    Oportunidades a diestra y siniestra

¿Qué le das?
    Que me abro sin
    miedo
¿Qué le metes?
    Ejemplos de sinos

¿Qué le das?
    El lapsus
¿Qué le metes?
    Delicias, en casos obscenas

¿Qué le das?
    Posiciones que nadie defienda
¿Qué le metes?
    Extremos democráticos

¿Qué le das?
        Permiso
¿Qué le metes?
        Lo que me pida el
        cuerpo

¿Qué le das?
        Endoso al pavor
¿Qué le metes?
        Sólo reconocimiento cada vez

¿Qué le das?
        Encima
¿Qué le metes?
        Debajo

¿Qué le das?
        Un desengaño más
¿Qué le metes?
        El tiempo

¿Qué le das?
        Dos respuestas mínimas
¿Qué le metes?
        Copiadas de una poesía inescrita

¿Qué le das?
        Nuevo, la maís
¿Qué le metes?
        Viejo, el país

¿Qué le das?
	Bocetos de algo
	obligatoriamente superior
¿Qué le metes?
	Atisbos de la amada desnuda,
	mía, creída

¿Qué le das?
	Coincidencias
¿Qué le metes?
	Pérdidas

¿Qué le das?
	Intensidad
¿Qué le metes?
	Corazón aunque no le corresponda

¿Qué le das?
	Lo que parió el barco
¿Qué le metes?
	Lo que necesite para que haga sentido

¿Qué le das?
	Explicaciones que no parecen necesarias
¿Qué le metes?
	Nada entre líneas. Hoyos blancos

¿Qué le das?
	Anticlímaxes variados
¿Qué le metes?
	Pesadas cosas, anhelos

¿Qué le das?
       Que he dicho anhelos sin saber
¿Qué le metes?
       Que he dicho saber sin saber

¿Qué le das?
       Lo que quiere bien poca gente
¿Qué le metes?
       Lo que a Eva

¿Qué le das?
       Invisibilidad aparte
¿Qué le metes?
       La entrada por la salida

La palabra clave aquí puede ser feca.  Esta,

postulada, pone al alcance del ciudaca común la

premisa filosófica que guió al poeta como

ansioso lazarillo

[la ida por la vuelta].

Encuentra su sombra en un paisaje inusitado.

Vuelve al vértigo visado ahora por los relatos,

más que por haberlo vivido en persona.

No sabe si se explica,

ni si le interesa que se explique.

De nuevo es antes y

quizás siempre.

35

# El balcón de Oller

Una golondrina hace verano

El rayo cae dos veces sobre el mismo punto

Se endereza el árbol aunque nazca doblado

# El interminable

**1.**

El poema original está inconcluso
Dejé fuera dél episodios de rara pertinencia
Parece que algo se oponía dentro de mí a que revelara
     esos primeros esquemas

Parece que algo me quiere proteger de una imagen de
     enfermo que no sería imposible sustanciar
     sacándola del texto

Pero te tengo presente

Esta es una secuela del poema original
Está diseñado para llenar aquellos vacíos de historia de
     mis actitudes de cópula

No me las he tizado
Admito cuando fracasan

Por lo que valga
Pido perdón por cometerlas al futuro

Si acaso,
Hay diferentes estilos de dar gracias

**2**

Te divertía ver que era un mentalista
Nunca me hacías daño, nunca me ofendías, era tu novio
si querías me obedecías

Nocivas influencias absorbemos
Los contactos de la universidad no pueden ni imaginar
esta manera de estudiar

Hemos roto con la moral en parte
Porque fracasamos en su práctica
Aunque ya no se ve tanta polivalencia

Pobres demostraciones de hombruna
Pobres habilidades de egoción que
Se vienen abajo en dos o tres lecciones
De sentimientos que no quieren herir
O de ataques de cariño que sí

**3.**
En estos tiempos la soledad
con su dulce de estrella
me presenta composiciones
que temo desde la posibilidad
pero las hago con los ojos cerradospor amarte

Vivo en el rodeo
por eso odio
las piezas obvias
y por eso no muero afuera

Casi no hay accidente [mentira]
Tú y yo somos miedos que se han sumado para reducirse
Eso es mucho

Creía haber visto la solución
[iba cabizbaja después de cruzar un mar de duda,
había evadido al interventor y sobrevivido al rechazante,
había desbordado en una muchacha feliz]
Era sencillo

Esperaba sentir algo diferente, especial
Un momento como pocos, bueno para salir,
que perteneciera a una clase aparte,
un planeta, no sólo sentimiento
Puro

**4.**

Conocía el texto de una vida a la vez mejor y peor
Tronaba sobre lo habitado del valle
y ansiaba un estreno que se portaba como un
       rinoceronte
en celo, ya que había sido imaginado por un comité en
       plena várice
Era sincero

Y ¡qué presumido era!
Se pavoneaba por el lenguaje con los zancos a la espalda
tomaba en cualquier pozo y mojaba su pluma
en el pubis de Vanidad
Quizá por eso no trataba de ocultarse del avizor

La tenía que defender

**5.**

Desde el primer día amenazado por el olvido
se reportó para devolverle a los que quería
algunos placeres a los que tendrían derecho
de todos modos [decidido por dioses ahora
　　　　　　divorciados]

Y, porque idear no es necesariamente volver,
fue lógico hasta el fin

Así es
Empozado en un codo del alma
Ese deseo pertinaz, ese alarido finito que
sale de un hueco
del sitio que no puede empezar siquiera a describir

Está mejor de sabia encantadora
y que se entienda en tu sala contigo
que macheas
cosas que sin haber sido  aprendidas, sabes

**6.**
**Bueno es triple**

**Cuenta con un halón que lo prueba**

**y en el halón es constante**

**Cuenta con este respiro**

**Lo tiene por vocación**

# Quiero ser cruel y no puedo

Quiero ser cruel y no puedo
Me inhibe una fuerza semita
Nube que sale de la nada
para posarse en medio del día soloro
que había urdido en rapto
para cumplirlo

Me exhibo en la poza como un venado perdido en una
          finca antillana
Destrozado el momento romántico en su más
          enternecida estación,
me voy moviendo de lado para no tenerle que dar la
          espalda
Me exhibo como una niña estrenando lujuria
Estibo emociones de vicio en un almacén sin cuerpo
De fondo fauno

Parezco un fondo antillano imaginado por él
antes que visto
Olor a agua de colonia y carne cocida

Quiero, quiero, quiero
Definitivamente quiero
pero no puedo

# Soledad mía que no se ve

**1.**
Soledad mía que no se ve,
blanda libre,
casual reconocida
de chorro orgánico

Oriunda de Obligatoriedad
cuando inhala siente una seguridad
de cuestionable valor
Está inmensa de nostalgias mediterráneas

Soledad mía sin referencia
ni hito ni pista
Que me hace colapsable
y sigue contenida

y que se da con Eva
secreta
recuperándome

De abajo la siento

## 2.

Sabiduría monga y voluntad de goma
Promesa de algo infinitamente prohibido e
      infinitamente
anhelado con una remota posibilidad de darse
y esa, envuelta en misterio

Cámara de torturas entre sien y sien
Asexual pero por lo mismo sexuada
y en su enrojecido cauce
ausente-presente

Cada vez la cuesta más empinada
y la cima más impróxima
El cielo incoloro escucha mis
plegarias quizás con la misma impresión

No confío en
actitudes que se consiguen
en un libro
pero no te prohibo que confíes tú

**3.**
Lo importante es el sofista no su sofisma
Es la idea implícita en su modo
de que cualquier cosa concebible en lenguaje
sea necesaria,

De que su modo ya es tomado por bueno
por un alma
por el alivio que le ha estado proveyendo y

De no descartar la alocución sin sentido,
aceptar ese consejo en abstracto
para ver, desde el río,
la importancia de la alocución
sin sentido
del río

**4.**
**Y la importancia de la ternura indiscriminada**
**posesiva y pertinaz**

**Una ternura pre-propiedad,**
**una idea perfecta y fugaz aun en este mundo**
**que se forja en envidia, realidad o cargo**

**Luz rara que satisface apetitos sin calificar**

**De mañanas**
**ni de hoy ni de aquí**

# Los mejores

Los mejores que el dinero puede comprar

Poetas, el fin los excita

Engañarse le puede pasar al gran engañador

[y esto aplica igual a hombre que a mujer]


El precio justo compra a la persona justa

[Es un país pequeño en un mundo pequeño]

La magia al por mayor no es magia sino

mierda de magia


Los flautistas de Plaza, efectistas [y para

algunas cosas pianísimos]

a la orden de quien los pueda pagar

quieren salirse en masa


Mejor dejarlos

# Abduxiones y Reduxiones

I

¿Cuando aprenderé a aguantar el pico?

Como el pez voy a morir por el mismo principio

Estoy diciéndomelo como remedio

Ya si no hay imitación no importa, la hubo

y si no comunica no importa atraviesa el anhelo de vivir

    hasta enfrentado

Pensamiento del mes que en el punto de volverse

    aforismo

se hace añicos como parabrisas al dársele con la frente


Estaré amarrado a unas aspas de fortaleza

[¡Si depende no es lo mismo!]

## II

Enemas contra la pureza vendo

Vendas que te saquen del camino correcto para demostrarte

y en el proceso demostrarme que una cosa no

    necesariamente va antes que la otra

Precisiones que opaquen la vista con otra verdad que no sea

    con la que la opacan siempre

Mil tipos en una desarmonía dirigida desde la misma fuente


¿Cómo es esto, alma dura que se desmonstrua

en alma dura acabada, podida?

Podida y por lo tanto sin la excusa clásica

y por lo tanto torrencial en su broma

y por lo tanto despreciada en el tiempo que estuvo asociada

    directamente a mí?

¿Mí? Que sin licencia jevi me tiré, por la isla?

III

¿Qué prueba el valor?

¿No se le acercan [como fanáticas al ídolo] los que
  proponen sacrificio humano oblicuamente?

¿No hay de eso nada?


Está en la luna, alma dura, perdida en un arrozal que
  sólo tuvo que sonar

¿Y fue sonar, no posibilitar con íntimas mentiras y
  exageraciones,

emociones odiosas que daban charrascazos por los
  que, si no estuviera tan duro,

ya se habría abierto?


¿Abtruso?


Hoy.  Pero a estos afectos
¿qué les importa hoy?

# La teoría del Medio

La Teoría del Medio es que la mayoría de la gente lo que tiene
     por mente es caca de ostra
En Humanidades se estudia la evolución de un pensamiento que
     no aplica dentro de las cuerdas
En las cuerdas lo único que cuenta es ganar, y no importa
     cómo,
*hay que hacer ese peso*

Habitamos la Destierra donde se da primero para no tener
     que dar dos veces
Todo se puede olvidar y más si se tiene

Somos mercenarios *en el campo marciano de la cultura*
Tuvimos que serlo

Por fin entendemos qué vende
y la importancia de un plan
Todas las teorías se caen, menos esa Teoría del Medio y si todo
     resulta *por fin* entendemos qué es querer

En Humanidades el Medio es un fenómeno distante, un
     monstruo igual de terrible que el Pueblo-público-
     tele[ólogo]vidente

Pero cada secreto tiene su comunicación
y *alguien* tiene que hacerla

Y para eso somos los profesionales, ¿no?
Todos los estudios indican un punto que sólo se alcanza en
la mente y ni siquiera tan a menudo
En el campo marciano se alcanza lo que se puede y, con tal
que se haya ganado, *nadie pregunta cómo*

Ahora se sabe lo que cuesta y cuesta lo que vale
La Teoría del Sacrificio es bien elástica y por eso
se puede estirar infinitamente
La búsqueda de la satisfacción es más llevadera si el
principio de la realidad es *la subordinación*

Cuando nos entiendas ya será tarde
*para remediar la venta*
Si el espíritu tiene masa ahí se tiene una imagen
¿Que venta es ésta rebelde?

Una venta
*seudo*

# Otra historia de infelicidad

Que se te borre el disco duro

Que encuentres a tu pareja con otra pareja en tu cama

Que descubras que tu anhelo es uno barato producto de la

cultura

Que se sepa públicamente ese acto que ni tú misma[o]

sabes que has hecho

Que ni siquiera sientas mi rencor

Cuando sientas mi partida en caminito rodeado de

amapolas

Que el remordimiento se apodere de gran parte de tu tiempo

Y que sabiendo que se justifica te niegues al llanto

Y estés tres días por lo menos aguantando

Ese perro que en el pecho te da vueltas por la muerte del

amo]r[

Que nada te pase para que no tengas nada que contar


Que veas que yo era tu baraja y que te ofuscaste

Que estés viajando y te pase que piensas en mí

Y que vuelvas a sentir esta inquietud, íntegra

Y que digas, "Uf, como es la mente"

Y que cuando te pregunte tu acompañante "¿Qué dices?"

Contestes "Nada, que recordé un amigo del que hace

tiempo no sé"

Y que tu acompañante sepa

# Opiniones sobre el dolor

### 1
Lo terrible del dolor es que no viene con manual
así que uno no sabe que es lo que se debe sentir
Ni como se le debe expresar
Esto no impide que haya un dolor que puede llamarse
       clásico

### 2
No se puede pasar sino por dolor
A la comprensión del dolor
[Asumiendo que hay un dolor del que todos no
       participamos, como del aire]

### 3.
Bien engañado se halla el que cree que siente el dolor de
       otro
Camina por un mundo en puntas delirantes por una razón
       íntima
conocida en algún ámbito que nadie tiene que ver

Se engaña con todo
El[La] que sienta un dolor
Que no sea el propio

**4**

Uno no ve más dolor por suerte o por suerte ve tanto
        dolor
Que no se puede quedar sin expresar nada

Es la trama de esta película
Risa de otro costal que
Se empoza cuando entra en el recinto
Que se busca en el habla pero que lo revuelca hasta
        despertarlo
Y se trata de una pérdida, librada en una abundancia
Palpada con la mente
En un sismo personal
Con más lágrimas específicas y un miedo a la eternidad
Poblado de deseo y un paisaje lícito que al caer
Prefiere dejar ese otro deseo que solo es no doler

**5**

Es difícil hallar cosa sin fin
Por eso esa sensación rara de duda de si esto que se
        siente es él[la] todo[a]
Parece que tiene un límite que es gemelo siamés de una
        incredulidad
Disfrazado de hueco doliente

**6**
**¿Y que tú me dices de cuando se acaba?**

# Unico poema que te dedicaré en mi vida, A

Anoche solo quería acostarme y olvidar el día
Soñé con lo siguiente, mira a ver que tú crees que significa
Estamos flotando tú y yo en el medio del caño cada uno en
        su toalla [!]
La mía se está hundiendo y siendo la tuya más grande te
        pido que me ayudes a pasarme a ella
Te pido que por favor me sujetes y ayudes pero no lo haces
Es muy angustioso [Más todavía, es terrible]

Por fin logro pasarme a la tuya pero el peso de ambos
        amenaza hundirnos
Entre mutuas recriminaciones nos tiramos para cruzar
        hasta "el" puente
Resulta no ser tan hondo
Avanzamos impelidos por el terror
La última memoria que tengo es de acercarnos a una casa
        que tiene la reja de la marquesina abierta, dentro de
        la que se ve una manguera enrollada

Tú me preguntas [cuando te lo narro] si la vida no es eso,
        cada cual flotando sobre su toalla

Me duele el pecho
Espero que no sea nada malo
Lo necesito esta noche

# Yo te debía leer, ¿verdad?

Yo te debía leer, ¿verdad?
Pero se nota que no lo voy a hacer
Raro es el tipo de poeta mío que logra vencerse
en esta guerra entre el pudor y la intuición

Ciertas pruebas hace daño sólo mencionarlas
Como tú lo sabes
tú deberías comprenderme
Y mira

No te he querido esconder la razón
Desde que la descubrí
mezquina y rabiosa reinando sobre varias almas mías
[Las que menos se impresionan]

Debí, sin cráneo, leerte
Pero la realidad es otra
Tengo el tiempo contado
Y tengo que controlar lo que me pase

# Sueño, recuerdo, miedo o qué sé yo

**2** ALGO SE TIENE QUE PERDER

Algo se tiene que perder, desaparecer, ir. Aunque sea

      ese mal día reducido a bueno. Eso que parece

      imagen de pobreza pero es, en su fuero, algo más

Episodios que uno[a] sufre solito[a], negaciones que

      poco a poco desgastan al dios que marcha delante

Rastros de privación que se pasan al linaje sin

      proponérselo o comida para el alma que sale por sí

      sola de la zanja


Como quiera que sea algo se esfuma, algo que puede que

      no importe y que ignorar hace que sí

Trizas de una bandera vuelta bala, túnel que forma su

      paso en las condiciones actuales

Gotas de una sangre que queremos creer ajena

Algo se solta, se oculta, se destapa y tapa de nuevo

veluz, enlinfado a uno[a] como esa tarde que

finiquita como una danzarina

De gestos entendibles y a la vez indescifrables que

excita un apetito sutil, que influye en un ánimo

fino, y que mueve a la cópula que honra la

muerte

Enumerando sus grados de frialdad

Desdibujando la superindiferencia de las potencias


Algo pasa de paloma, no simboliza no deja de

simbolizar. No afecta no se sabe, no se nota, va

incógnita

Y espía para la felicidad mientras su determinación le

basta. No ha tenido que existir y parece

Pasar sin ficha y por ruda


Algo se elimina, por sí sólo, para alguien. Algo se nos

va del todo y nos otea de lejos

Como enemigo[a] o como emblema

Quizás sea este beso que poso en tu oído, quizás no

# Riesgos

A riesgo de enemistarme con Eva
le he dicho algunas verdades

En ellas iba el corazón llevándose en volandas
parte de nuestra comunidad

y comentaban su vida un viejo tonto y uno sabio,
un muerto, un chamaco del barrio, un aspirante

a ángel, un tipo con una voz, un doble,
un rayo frustrado, un palo de ciencia, un

terror amateur, un cínico experto, un
conductor ciego, un insulto a la surgencia,

y un diablo enamorado de sus armas
[con el pecho imitado por la boca]

que arriesgarían todo por verla animalse;
y que no conocen otro modo de

comportarse
cuando por fin lo entienden

# No habiendo felicidad completa

No habiendo felicidad completa,

no estando disponible esa imperturbabilidad

que el espíritu reclama

y fascinado rechaza cuando comprende lo que requiere


No teniendo ni una posibilidad de exención

ni un tiempo extra donde arreglar lo que se ha dañado

ni un respiro para analizar de cuajo

el papel tocado o su paso de trueno

sobre ciertas maneras


Se entienden muchas cosas malas y dis*pensables*

# Si fuera por mí, Vouli

**Si fuera por mí no estarías enferma, Vouli,
y estaría dentro de ti mi tiempo del mundo**

# Destrozado pero...

Estaré muy destrozado pero caliente

Robaré el secreto a como dé lugar, estaré

ahí cuando abran, oiré cuando se desmayen

a mi izquierda los pensados porque se habían quedado en

   el fraseo y

oleré tu espanto, siendo tu espanto mi peor denuncia y

   veré cómo, a mi derecha, se da la devolución

[aunque toque la cosa con tus manos y le pase tu lengua

   por la grupa o por el seno entre monte y monte]

Estaré muy atento a esa devolución

Como el que le pasa a otro en una curva seré todo arista,

   riesgo, anhelo, necedad y si se me permite saldré

   muy descompuesto pero candente

Y podré no darme cuenta

Pero lo dudaré

# Solon, Ohio

### o *Las memorias del fauno en el idioma del padrastro*

Perdidas para el fauno,

desconectadas, despobladas,

abiertas como novias en el himeneo,

rotas como las crestas de las palmas

después de la ventisca,

amarillas e impúdicas como mariquitas

japonesas en playas compradas,

así, las memorias de estas ciudades,

memorias menores de tratos menores

# Sin título

**1**

**Que lo vea venir**

**no quiere decir que lo pueda parar**

**2**

**Siento tanto que no me deja pensar**

# Poema de acción 1

Se sitúa fuera del [la] sujeto. Esa es la primera falacia
en un poema cundido de falacias

Sin embargo no atiende a cuestiones extrasubjetivas. La
segunda de una serie finita

Toda pretensión se manifiesta para el [la] que está alerta
Por lo que se entiende una extensión del descubrir

Toda ínfula se retrata en volumetría para que no pueda ser
denunciada de afuera sin ser consideradas sus virtudes

Su conciencia separada del [la] sujeto se torna tan
inconcebible como lo vivido pero para alguien se siente
inminente

Confiere los derechos que describe solo al [[a]
que por principio no se deja llevar

Es un secuestro, lo que sí es que el rescate
es dependiendo de si el [la] sujeto es pagable o impagable

No se necesita sujeto o es extricable
Lo repite, como si rimara

Pena es y pena sin fondo en un mundo mental
que se niega a lo que viene natural

Donde ser está contra ser de hecho y ser de hecho es ser
        por medio

{Entiende que fuera del [la] sujeto lo coloca lejos del
        alcance
de los Objetivos, raza despreciable}

Espera que no haya ley del jamás
so pena aún mayor

Si su pena vale o no,  lo que cree
se sitúa en su hecho o hechura o hechizo

comba un espacio-tiempo tan aceptado que es
        cuestionable
que sea todo lo que crea y que lo que crea sea eso

El[La] sujeto puede situarse donde él[ella] más le
        convenga
Aquí no, aquí se aparece por ley, haya o no volición

Ves, otras falacias vienen a hacer daño
, lo que la distingue

# Bota

Horas locas

Buscan sonar pero es la escena equivocada

de una obra inolvidable por mala


Sueños putos

Pueden más que lo que el mamo puede perdonar

y obviar y "disfrutar"


Promesas de las que pueden culparle

Roscas ideales que flotan no como el humo

y se politizan por necesidad  ¿cómo que no?


Sorpresa:

Torrencial, incomprensible

Enferma a la vez que sana


Sorpresa:

A toda costa, con el mínimo equipamiento

Por luz

# Apreciación de un naif

Su pecado más grande fue la ingenuidad

Se le veía en la marquesina tratando de amarrar el dragón con
      cabuya

Se le veía en el mol ansioso detrás de que dios lo librara de nunca
      saber qué

Nada que comprendía se convertía en otra cosa que plata

Había tomado los pasos y ahora no sabía que más hacer

Estaba en medio del carril rápido cuestionándose el des]a[tino


No sería nada fuera de lo común si no sintiera tan fuerte la
      contradicción

Partió, pensaba, de realidades no de premisas por eso tenía
      tantas palabras para el dolor

Iba pero cuando la distancia era absoluta e ir, relativo

Quería todo cuando lloraba sobre el volante

Por fin se pagaba su egoísmo


Sus otros pecados no se pueden ni mencionar sin sonar
      verdaderamente

# Temas dispersos (Epitafio)

A lo que temí más fue a estar demasiado conciente
Cogí a Afrodita-Atabex metiéndose el dedo en la nariz
Y preferí su etapa de "sexualette" en Aguadilla, que fue mi
    realidad

Soterré lo que sentía en esta parcela. Ahora no puedo
    caminar sin chocar y no puedo chocar sin sentir
La ironía de irle picando secciones a la parte de abajo de
    mi alma

Entendí apenas se me explicó una vez
Su Flaquencia me exigió credenciales, yo más que felizcon
    no proveérselas
Estuvieron en clases aparte mi sentido de lo propio y el
    tuyo

Te anhelo por lo que te he agregado
Quisiera que al sentir el color hayas pesado menos
Al menos por esos segundos en que mostré al mundo
    nuestro tamaño

## JEROGLÍFICA (1934)

La gente que vive en las casas más grandes
A menudo tienen los peores alientos.
¡Opa!

Aunque no tuviera nada mejor que hacer
Yo podría mirar las flores.
¡Opa!

El colibrí es el ave nacional
Del colibrí.
¡Opa!

X entiende a Aristóteles
Instintivamente, no de otra manera.
¡Opa!

Dejad que los sabios peguen las piezas del
        mundo con sabiduría
O los poetas con magia sagrada.
¡Opa!

Wallace Stevens[1879-1955), *OPUS POSTHUMOUS*

# LEGIÓN

## 02. EL LIBRO COMÚN

**Capítulo X**

## Quién Eres?

Que tiene cuatro patas, tres pies y apenas le habla a nadie?
Un cadáver.

Que es visto a la distancia cuando los murmullos de algunas ideas derrotadas, o vidas, de súbito se manifiestan?
Un fantasma.

Que vive para siempre, tiene tres nudos en su arcoiris, almacena pasión como una ardilla almacena comida para el invierno, está desvinculado de todo lo sin valor, ni siquiera intuye los ensueños de los poetas o nota el río
Ellos.

Advierte la ausencia de signo de interrogación, advierte el lance de la última pregunta
Una derrota.

Jack Spicer (1925-1965), *LAS CABEZAS DEL PUEBLO (1960-61)*

# No le tengas miedo al alma

No le tengas miedo al alma,
A lo inevitable no se le puede temer.

Quién sabe si lo sufrido valió o valdrá en un futuro
De algo.

Tal vez [¿quién dice lo contrario?] aquellos lloriqueos
Eran necesarios para poder organizar la mente ahora.

Tal vez [¿qué sabe uno?] el alma está recuperándose
Constantemente a su manera.

Y el miedo [¿qué come el miedo?] no debe entrar ni al
Pasillo,
No sea que quiera quedarse.

No exponer al alma es la idea,
Pasarse de listo[a], el plan.

Un momento,
Se le dice, un momentito, alma, ¿que esto no es lo que
quieres sentir?

# Que mi contribución fuera este tono

Haber sabido algo.

Haber sido por mis pareos.

Haber conocido la piel de Itaca.

Desconocer qué me haría sin tí.

Haber pensado todas esas propuestas de control

Para poderlas desgraciar.

Haberte dado este beso sagrado y con él

Haber hecho posible más de una memoria de guerra y

gigalógica.

Haber decidido que mi contribución fuera este tono.

# A Nike

0

**Los sueños, especialmente los ajenos, son tan peligrosos
Que uno no puede ser muy débil porque va y no los sobrevive.**

**1**

Esto pasará siempre antes de la batalla;

Unos se van a refugiar en un mundo sentimental
Otros del prospecto del olor a sangre salen
        embriagados a la luna libre.

Los sacrificios rebeldes van a ser más imponentes
Que los oficiales. En los sueñosrebeldes.

Unos días de calma siempre vienen bien
Pero para que la noche vuele uno tiene que hacer el
        esfuerzo.

Los sueños, incluyendo los de uno, muchas veces no
        acarrean
Nada bueno,

Uno se quiere dar una desaparecida de ellos,
Y a la vez atraerlos hacia uno, cosa que confunde
        bastante.

Y encima las clases nunca se acaban
Ni la presión ésta.

**2**
Esto pasará durante la batalla:
El terreno será familiar y consistirá todo de
        negación.

Mucha información muy temprano
Puede opacar esperanzas necesarias ciertas.

Hay una medida de la compasión pero no
Es importante comprenderla, por su origen.

Mucha libertad es como mucho vuelo y
Todos sus sueños, no circulares.

Si alguna vez hay capacidad para por fin
Aceptar al alma como es,

En su espanto de verse en tanto morir,
Deben sentirse estas afrentas como bromas.

El asunto es poder evidenciar la presencia de
Sueños que quisieron ser buenos

Pero que por lo que fuera
Se nos hicieron inaguantables.


**3**
Los sueños, dañinos o no
Se parecen entre sí como los individuos de
        una manada.

# El coquí renegado

Cuando no es Iván esPedro.

En esas angustias pasan los días

Los amigos de joderse por nada.

Se tumban mutuamente los avioncitos, sarcastas,

Con sus dos juegos de humores.


¿Qué hay?

Hay locura en toda la extensión del valle.

Y sus ruidos le anuncian que hay más esperanza de la

permitida.

¿Cómo se llega?

Loco no, papito.

# A Eva

**1**

Como esas mujeres que juegan con
su nariz cuando nadie las ve,

A las que traspasan ciclistas con presagios políticos
y de familia
que se hacen caca en sus sueños
y en los despachos [todos] de sus sueños,

Que usan sus historias como nosotros, sólo que
les sale mal, se despeñan en el abrevadero
¡En el abrevadero!

Lucen sus latrías como escotes.
Son como diamantitos
En brutas.

**2**

Como esas mujeres que con el tiempo se
ajan hasta hacerse irreconocibles y se
quedan sin recuerdos, ni religión, ni idioma
y dejan una estela de secretos
que terminan siendo banderines en mis poemas
sin sus permisos.
Así tus pétalos, mi amor,
Son exhibidos en este mostrador
temperamental, sin el tuyo.

# Esta ciudad suena como Managua o Caracas

Esta ciudad suena como Managua o Caracas.

Considerándolo paso por espectro de la inocencia.

Me pregunto

¿Cómo saber si esto es un poema al Licabitós y

No un poema de la inocencia y de cómo la inocencia se

Posesiona de los grupos?

Témele. Y témele a esta de-evolución de afectos

O a quedar pillada entre el deseo de ser ellos y el vicio de

    temerle a ser ellos,

Entre algo placentero pero espéjico y algo

Doloroso pero millones de veces más real

e izable.

Algo como la inocencia.

# El osezno de lo límite

Todos estos poemas han sido ampliamente
indiferidos.

La raza en ellos se revela como lo que es.
El osezno de lo límite [¡Já!] también se revela como lo
    que es.

La crueldad, alegan unos, es la inocencia de la horda.
Pues bien, esta ciudad es su provincia declarada.

Así todo, el osezno de lo límite no muere, y
No muriendo delata al poeta.

# Lo bello del mundo

No sé qué clases de política tomaste en

la Universidad Marrón,

O si es la intuición la que se tiene que seguir

En los casos de duda de si ser uno.

Hay gente que regala el mantecado y

Se come el palito

Hay gente que no.

Lo complicado del mundo es lo bello del mundo.

# Anuncio a las colonias

Observándonos con el corazón del niño

dibujado en líneas de fuego sobre un desierto.

Cabrito, he caído en la leche.

# Cabrito he caído en la leche

*Vivía en el fondo de la noche.* A la memoria de Nemesio Vargas

Interrumpo lo que sea para comunarme contigo.
Eres la preciosidad de vivir, eres el canto del dios
      moribundo
en cuerpo de mujer, esta ciudad es moderna por tí.


Algo en común tenemos tus fanáticos. Vemos en lo
      profundo
el juicio de un ser demasiado potente y por otro lado nos
      resistimos
porque estimamos en mucho la duda
y la desecración nos atrae sin medida.


Se supone que ya salimos de lo peor.
Pero no es cierto, ¿verdad?


Hay unas direcciones que quiero darte, cógelas, no las
      cojas.
Tienen que ver con lo que puede hacer la mente cuando se
Siente acorralada por ella misma, me dijiste.
No quiero que llegues a pensar siquiera que me
      abochornaré por haber hecho lo
que nos prometiéramos en el bosque
Los cuatro de nosotros [es decir, nuestras cohortes]

Vamos siempre a empezar por lo que no se dice,
Habemos gente a las que la imperfección no nos coge de
        sorpresa.
Si tú eres como yo [y tú eres como yo] mueres por la mente.
Primero se te descompone para señalarte un camino
        posible,
algo que para su propio embarazo se idealiza, una ciudad
        des-esperada, un lago pírrico, una caja de fotos
        de la que se deduce
un sino, ahora escapado, ahora dolido.


Para que no te digan que yo dije o dejé de decir que tú
        estabas en el cuchillo
Si coges por un lado habrás visto el aspecto más horrible
        de la Teoría pero tendrás posibilidad,
Si coges por el otro no encenderás tu corazón por Nada.


No hay mucha gente que puede soportar su desigualdad
        y piensan que como su dolor no se exhibe
        sufren menos
Pero en el fondo saben lo falso que es y es mejor para ellos
        que sepan lo falso que es.

Es importante sobrevivir el cuchillo porque los jardines de
	desilusión vienen uno tras otro pasándolo a uno.
Y es muy crucial la tranquilidad para estar rifándola en
	cada encrucijada.
Uno no puede siempre que se enfrenta, perder
Y uno no siempre tiene la alternativa del símbolo.


A las pepas, las evasiones, las construcciones
Que uno usa en contra de lo que uno es tratando de ser lo que
Uno no es
Le preceden las falacias, esos sintagmas de naturaleza
	inocente
Que laboran como ensambladores de lo imaginario con la
	laboriosidad de abejas
Y una seguridad muy exagerada que persuade a los que
	pueden necesitar de sentido-propósito.

**Saber es realmente saber cuándo entender.**

# Reflexiones de cuartel

a Jorge Morales Santo Domingo

Fui útil en un sentido aquerópito.

Ocupé un área sin nombre de la entidad y

Confié en sus disoluciones.


Hoy sufro menos que la isla

Porque mi arte es homeopático y persiste.

Traté de no ser vil pero no siempre lo logré.

Puede haber ganas y no pasar nada.

Las costumbres del discurso se diferencian de las de

la entidad, mucho.


Yo soy un fantasma ya, en mi comprensión,

sistemático,

Hábil decepcionando.

Acepté ser un mal ejemplo a cambio de verme sin

velos.

# Debut y despedida a Chú

**1. PRETEXTO**

Esta noche jugué brisca con la muerte.
A cada rato me hacía prender un fósforo porque
        decía que apestaba y no quería herirme.
Veía un genio doblemente desgarrado por su
        instinto y por su pavor,
Comulgaba con su voz.  Su comunidad era la soledad
        encarnada en una procesión de ángeles.


Alucinaba elementos básicos: camiones de la Sea-
        Land de estuco que entraban por la sala
Y atravesaban su resentimiento.


¿Para quién iban a ser esas lágrimas?
Todas eran prismas de islas, sin nombre, sin
        agradecimiento,
Y le dije, tienes que comer, tienes que intentar que
        tu alma coma o
Se la come veloz esta máquina de suceder,  pero
        mentira,
Como una isla intersaciable no tenías que hacer nada.


¡Qué buenos tiempos aquellos, despreocupados!

**2.**

¿Cómo iba a ser que la nostalgia se apoderara de nada?
Quien-lo-diría se hizo en los sitios neutrales del mundo.
Qué es lo que no hace el mundo, ¿eso se quisiera saber?
Nosotros sabemos lo que hace el mundo.


Y así, siguiendo reglas de ternura que ahora ni sé dónde
        aprendí,
Acomodé su cabeza sobre una almohada olorosa a
        hermana,
Y acaricié nervioso una imagen de la Mamá y raspé su
        pátina con una uña
Siguiendo la instrucción del pasante, conciente de que a su
        vez raspaba mi antena.


¡Cuántas noches pasamos ensartados en esta noche sin
        futuro ni Melodía!
*Tenso, lastimo, imploro sin resultado*, me dices.


Eso es abducción.

**3.**
¿¿Qué es lo que quiere? ¿estar tranquilo?
¿Lograr mantenerse pasivo ante un lenguaje
     insano?
¿No está cansado de los trucos con que los sanos
     se contentan?
¿Agradecido de haber sido la rosa, para este
     momento de carne viva y
Cuido superespecial??


Ya no puedo contestarle las preguntas más
     simples.
El miedo me las disfraza,
Palabras como *cuídate*, o *te llamo* son estaciones
     falsificadas, amparos de
Emociones xerografiadas.  No hay ilógica,


No se contempla una posibilidad que no sea la de
     la Rival.
Sus cuadros, los cuadros de su hermana, los de su
     madre
Ya no le pertenecen a nadie.
Son consecuencias de esas mañanas-índigo de
     besos, esos cuadros.

**4.**
Cuando éramos menos selectivos, y nuestras noches eran
     bustrófedons
Y flotábamos adormecidos por las metáforas de la
Nueva Hierba, y pensábamos que quizás éramos vencibles
     pero no entonces
Y le leíamos nuestros capacetes imantantes a públicos
     principales que aplaudían contra
Sus pechos,
El piso se levantaba en algunos sitios y se hundía en otros
     pero
El varón y la varona nos alentaban a un máximo al que solo
     podíamos renunciar
Si nos despertábamos.
Aun siendo más creídos, se nos abrían unas oportunidades
     como esperanzas vivisectas,
veíamos el camino de que salían
de nuestro corazón hacia afuera como algo bueno y
los que nos veían no podían más que sentir este optimismo
     que emanábamos
y urdía nuestras místicas en por lo menos 2 ciudades.

Eso era antes.

## 5. Debut y despedida.

Prefiere jugar al Tute que es obligado y se puede
sacar uno las cuarenta,
sin tiempo ya para tratar otras tesis,
Rastros de literatura por todo el lugar,
la boca como el interior de una guayaba, gaciada por una
agonía esperada
pintada por un artista epífito que ponía adrede
estos ángeles a besarle la boca así,
a bautizarle con ríos interiores no probados,
lástimas que se prendían de unos seres que a la larga se los
devoraban,
y herencias reales e imaginarias que posaban sus sables
tibios
en nuestras tetillas y
bajaban lentamente a nuestros sagrarios tarareando una y
otra vez
sus nombres eventuales.

**6.**
Gaciados por un dolor anticipado y unas penas
      terminales
para las que no había remedio fijo.
Negros del sucio.
Elegidos por nuestros pantalones.


Son nuestras dudas, irónicamente, las que nos
      eximen de servir a nadie, aun ahora,
Y las que erigimos en lugar de los dioses
      típicos.


En ti la ciudad desaparece ya con creces
En ti el proceso de abstracción de súbito se
      abarrota de las desgracias adquiridas en
      medio vuelo.

**7.**
Fascinante e hiriente, demente y espigad@
      como esas
Enfermeras
Del alba.
Chú de mi alma,


Ahora te van a tener que dar la permanencia.

# Muerte en Santa Rita

**1. REGIA**
Tsuchigumo ha muerto.
Nechodoma, el vampiro, ha muerto.
Moineau, la otra cara de Marina Arzola ha muerto
Gilbert Robbins ha muerto.
John Anthes, la Anuncianta, ha muerto.
Y el gran espejo del río,
Papi, ha muerto.
Todos los Angeles están en esas.

Al no-funeral asiste el Gremio de la Transformación,
Con sus heridas legítimas y sus aventuras metálicas y
El de la Acción [basta ver sus emanaciones].
Dos versiones de la Rebeldía traen sus ofrendas
A las mujeres,
*No volverán jamás, felices días de amor.*

Fíjate cómo todos murieron.

Qué importa la voluntad.
Lo que esas tardes en el Centro,
Una de las cinco más regias,
Y esas tardes del porvenir
Muertos del Terror Principal,
Las piernas convertidas en colas.

**2. Nueva Yol, Nueva Yol**
Ese nombre de nuevo,
Tal vez sea nueva yo, y la l sea una espada
De boca,
Y la boca no arda más.
Y te halles tranquilo, sin hilo con el agonismo,
Hablando italiano y caldeo perfecto con un
        deseo
Como Anthes totalmente saciado y
Lo suficiente alto como para dirigir
La lluvia a esos días del Centro, vitalicios

### 3. BROOKLYN HEIGHTS' HUES

Debilidad por los frentes de agua, Chú
Noción de un premio volviente,
Abandonado, marino.
Noción de caída y bestificación.
Dependencia en la hora fugaz de la luzinación.
Dependencia en el amor, esa zona
Sin estereoscopía, toda de primer día,
Toda del espejo [que aspira
Evidenciar].
Dependencia en la fuente cremosa del unicornio
[Emplumado por el Canal 13],
Juan su bautista y Jesús Manuel, su escenario.

Anthes, en la 4 entre A y B, de dentro-fuera
Y la mujer del mar de fuera y dentro
Y una debilidad por la tabla.
La amistad no puede ser menos pensada.
Su demencia permite entronques imposibles.

**4.**

Como esto es post-humo y se reprimen en él las
      volutas del
Día,
Narramos el fin de la amistad y el reino
Intocable de antes de Anthes, que se
Perfeccionó como un puente y empezó a sanar
Los antes de otra gente menos
Exagerada en sus decisiones.
La exageración junto a las ideas de la
      mentira-verdad
Son las tres, coristas místicas
Cantando de tu pelea en la Escalera
Con el Asaltante.
En el Brooklyn de Anthes, de tu debilidad por el
      puño emplumado,
Loca de la locura.

## 4. El Libro-Viaje

Sacrifiqué el libro por el viaje.

Esta parte es posible en casi su totalidad por una
donación del Instituto de Cultura
Puertorriqueña.

Forman parte de su elenco, Etnairis , como la Mujer
del Mar, Epígona de la fuga encontrante, y la
víctima de una mala paz, invisible, móvil, anti-
seglar;
Raquel como la Oveja Negra;

Chú, El cantautor de la novela bingo, vicepresidente
del viaje pero presidente de la novela,

Practicante del diálogo y Aspirante, Veedor, el
Emocionante [que genera emoción],

Conocedor a fondo de Angelo; el Mensajero del
Interior; John Anthes, la Anunciante,

Diseñador del libro, excepto de la fuente;

Indivisible, con libertad y justicia y muerte pre-
natura;

Víctor Fragoso, haciendo de isla;

Angel Luis Méndez, del grupo Los Esporádicos,
como el Enlace con la Tierra,

Desovando en la orilla

Unos misterios violentos;

Iván Silén, Presidente de Fili-Melé aunque no su fundador,
Como el Vocero, también el Estratega; Pedro Pietri como el
     Agente Naranja;
Yo, Néstor, el Neófito de Voz Baja
Y diez, veinte mil extras.


Siempre hay sacrificio, <u>siempre</u>.
Por fin, hicimos <u>Los Cuatro Jinetes</u>. Chú era la Muerte
Yo era el Hambre, Pedro era la Plaga, Iván el Fuego.
Cuando acabó, cada cual cogió por su lado.

**5. EL LIBRO DE LA MUERTE**
Tiene sus antecedentes.
Tiene su propio sentido de la abundancia.
Parte fue compuesto en nuestra presencia.
Trata los eventos de morir, trata dél
Trata del Miedo que de sopetón ocupa todos
Los intersticios que deja el polvo del Angel.
Extasis es todo lo que conduce dentro del
Espejo.  Tiene aceptación, no son poemas
        homosexuales
No son poemas de la muerte
No son poemas del Accidente,
[No de alguien que dudaba del accidente.]
Era esta anticipación de la caída.
Este guabucho en la pierna que puede o no
        haber sucedido.

Hay claro un primer muerto.
Y una muerte teórica.
El problema del espacio no se resuelve en
        ninguna de
2 islas.
El balcón que da al mar
Cede y ahora late para siempre.
A estos amores se añaden otros poderosos
Femeninos, irrecortables.
El hecho de estar en la isla
Quizás fue antes, sin embargo no es para
        mudarse.
Varias islas se solapan siempre, eso es sin la
Poesía simbólica y él
Hace en ellas su maestría en escalas.
Su astrolatría se hace siderúrgica.
Sus Dríadas estaban enfermas y aún eran
        nuevas.
Mira qué mal estaba la cosa a la altura de 1979.

## 6. Página en blanco [1987]

Te recuerdo en bicicleta en la autopista abandonada del
     lado Oeste.
Y más bocetado en Washington Heights entre pinturas del
2ndo Angel, y en una lectura que hice en tu ciudad
Y en otra que fracasó en el intento.
Yo te visité porque te quería y lo que recordaba me
     convencía que te quería.
Era una noche tibia y dulce siempre que nos leímos.

Hay ciertas esperanzas oblicuas que nos importan a pesar
     de.
Hay esperanzas inofensivas pero igual hay otras letales
De las que la escritura está llena.
Y yo no oigo nada que niegue la esperanza.

Lo mismo la venganza.

**7. INVITACIÓN AL POLVO**
**Adiós Manuel,**
**No hay equilibrio sin dolor.**

**Aunque al espanto se entrega más de un**
**Placer.**

**Morir de amor parece cosa de cuento, Chú**
**Y no hay excusa, sólo ceniza,**
**Sólo un deseo de helicóptero y playa, y ceniza,**
**Y una memoria de gracia cuyos contornos ahora**
**son fijos pero luego ya no.**

# Esta caída

Esta caída a mí me la va a reprochar la gente en quien más
yo he puesto
Empeño.
Empezando por ti.

Pronto viene la descripción de un dolor horrible hasta
ahora inédito
Con gritos y gestos bastante vulgares. Un cielo
descamado, un beso que se queda pendiente

Un hilo de saliva que va de labio a labio su burbujita en el
medio, suspendida,
Tú conciente de nada.

Como yo antes de caer.

Esta caída es clásica, lleva en sus etapas fractura y
desgarre,
Es mala caída.

A esta hora me deben estar echando la culpa los que para
fortuna de ellos son inocentes siempre,
Ahora viene el desfile de la prueba y seguro me hallan,
cúreme o no.

Hecho el daño.

Gracias a mi bocota traicionera.

Maldito sentido de la honestidad que me tiene que llevar
siempre al llanto.

Maldito ubique constante que tiene que hacer que la gente se
tire
A pesar de ellos,

Maldito don de gente que no puede ser improvisado en todo
momento.
Maldito cansancio, que obliga a uno a dejar la cabeza de la
playa para que eso que llaman

Se venga y ayude.
Maldito auxilio que llega cuando ya está la villa en el piso y
las olas en llamas

Y termina abruptamente cuando surge el frente
De otra verdad más poderosa: atractiva.

Oh luna que persigues los autos y dominas sus tripulantes,
Esta caída deja su estela,
y de milagro me deja intacto a mí.

# Según los crepusculiarios (y otros)

Como  ha traido a la luz vicios de pantócrata,

no puede hablar.

Uy.

Como el dinero se le ha salido,

no puede opinar.

Jaj.

Como no ha entendido bien cuán importante es tu

postura, en concreto, se le permite

escuchar exclusivamente.

Chulísimo.

Como ha puesto en papel algo que no se puede sentir,

está eliminado.

Claro.

Como se ve, puede [mor]irse y a nadie inmuta

Y aunque ha salido vivo de un anti-país típico

[lo que le cualificaría en otros contextos],

por las razones enumeradas

no se le permite ni hipótesis.

¡Que bien!

# Coleccionismo

**1.**
Estamos los dueños de la colección.
Estamos los que nos creemos dueños de la
colección.

**2.**
Estamos pegados con mortero como pieles-lago.

**3.**
Estamos horrorizados con el año.
Nuestro acopio ha sido invadido por la muerte
multiforme.
Pero irónicamente
Hemos captado el mensaje del último dueño y hemos
sentido en colección propia cómo se actúa.

**4.**
Haber sido especímenes tanto tiempo también
ayudó a formar nuestro sentido de
propiedad.

**5.**
Si estamos en contra de los dueños
En nuestros cuartos nieva. Y son cuartos
inmensos.

Aunque las colecciones están ordenadas de tal
forma
Que en medio del vacío más hondo, sus
personalidades rigen suspensas.

En su gravedad se pueden ver esos pasajes al celo, esas
determinaciones sin excusas,
Entre los ápices de las visiones buenas y las visiones de
desamparo,
Igual se ven sus [nuestros]yoes en su simetría
fractal.

**6.**
Galopamos sobre la colección que ha resultado,
       después de todo, ser nuestra vida.
Ahora coleccionamos sin deseo de que otro que no
       coleccione con la misma actitud valide
       nuestras piezas.

No queremos sentir muchas cosas ya,
Casi chocamos antes por no mirar por dónde
       íbamos.

Tenemos el corazón prendido por alfileres mientras
Eva duerme en el cuarto dormido.

Tenemos el corazón como si hubiéramos tomado
       metedrina-anfetamina
Sólo por ir para atrás
A cuando heredábamos las cosas sin enjuiciarlas.

Hay un momento donde un campamento se va hasta
       el fondo de un niño escucha
Y lo que se oye es un eco ampliado de un colegio en
       una cámara de
Obsesiones.

**7.**
La mitad del tiempo se ha ido, nunca sabremos en qué.
Lo mismo con la mitad del corazón, igual con la mitad de la
      mente.
Cada resoplido denuncia un sueño
Pero si segrega impotencia, seguro que atrae
      calamidad.

Luzcamos, a suponer,
Como si estuviéramos en algún control, o como si
      algún control fuera posible
y tuviéramos conocimiento dél.

Eso enriquece la colección.


**9.**
Esperamos el advenimiento de un sistema Keller del alma
Para poder redactar lo invisible, lo ciego, lo visible y no
      sólo lo ]e[vidente.


**10.**
Y en la otra mitad ¿se ha estado trabajando para nada?
Con alegría, pero para nada?

Los límites estaban tan cerca poco antes de
      empezar...
Ya no se sabe para quién uno colecciona.

**11.**
No existen todas las colecciones que la gente
      cree que existen.
A nuestra velocidad ésto se aprecia mejor.

La vista  es capaz de tragarnos vivos. Cuidado.

No corresponden sus fases.
No se puede actuar como si ninguna operación
      fuera posible sin un permiso especial del
      año
Cuyo terror queremos administrar.

Comprende nuestra disponibilidad
A empezar colecciones que debían existir.


**12.** UN APARTE : GUIGA, COLECCIONISTA MAYOR
Ahora es el vértigo:
Mitos de la Curva que se Supone Describa el
      Trayecto Hecho Añicos en esta casota.
Estrenos diferentes del mismo Encanto,
      lavándose las manos al lado de uno
Que piensa *la tarde es parasitaria* y se apresta a
      sumergirse en el afán prensado
Y en las brisas normales de la compañía,
En pos de Sanidad e Inocencia y Logro
      independientes
En el baño, entre risas y —se nos ocurren—
      gemidos.

**13.**
Viejo,
Estamos evaluando ahora opciones que nunca
        fueron reales.
Con respecto a nosotros, digo...

Se fue el día, entró la noche.
Se irá la noche entrará el día.  No podía ser más lógico ni
        queriendo.


**14.**
Mitos de la Dignidad ante el Conteo Regresivo.
Exigencias del libreto nunca tomadas en cuenta.

El Conteo siendo independiente del
Afán.

Posibilidades de la tormenta que sólo los acreedores
        sienten comprender.
Y el corte limpio de las aspas del santo que
        seduce la memoria
Aunque sea segundos.

[Papi, me cansé de pelear.]

**15.**
Este año espero que no se repita.
En unas colecciones se ve lo que se libró y a sus lados los
      premios
Que el azar les deparaba en una Baldorioty insegura,
      pasadas de lado a lado
Por sentimientos de escaso valor, ternuras y odios
      muy distantes de los principales.

Este año arrasó lo mismo que confirmó.
No sabemos cuán fuerte se planea el próximo, pero
      si es como éste
Ya nada nos podrá impresionar.


**16. Renegar de esa obsesión del no-ser moral**
Dormimos en el Respirador, somos Imperdibles, son cosas
      que no podemos olvidar.

No queremos los puestos del Asaltante que en la
      adolescencia temprana idealizamos.
Faltamos a las clases de guerra, somos lo que
      descubramos en el proceso.

Vemos el Hato Rey de nuestra invención y luego
      apuntamos lo que había en su claridad.
El espanto es una mascota letal y los juegos con que se
      trae
Nos recuerdan esas colecciones perdidas en sartas
Que este año apacentó.


Y este ramo de ojos es para su nicho
Y palpita y suena cada vez que cogemos un hoyo.

**17.**

¿Valdrá esta miseria lo que se ve de esos apartamentos
    perfectos a través de los
Tamarindos y los Derechos?
Estamos a punto de ser reemplazados por unos monstruos
    que a su vez son los utensilios inocentes
De los sueños logrados. Es una pregunta.

El bienestar no incluye la verdad tal y cual, solamente, sino
    una brutal generalidad y
El estambre partido de una juventud consagrada al
    sibaritismo.

Cuando toca piel contagia hasta adentro
Y el miedo que acompaña la salud como su sombra, rompe
    con sus restricciones

Y hace nido en las sucias calles del lugar amado.
Valgan estas pruebas y nos revistan de valor.

Aunque para emocionarnos
Con aquellas colecciones bastaba.

**18.**
Morirse no es nada.
Este año se han muerto activamente

Gente instrumental
Para que el día tenga estos tonos.

Y estuvimos en tanto trajín de muerte
Y nos fue revelada tanta cultura para que  la
      criticáramos,

Y se nos aceptó tanta excusa
Que no en balde estamos en el borde de una
      comprensión  diferente.

**19.**
Uno puede adoptar <u>tantos</u> puntos de vista.
Uno de más nos empujaría a la arena
      movediza de la ultracomprensión.

Lo malo de ser ultracomprensivo
Es lo bueno del ser apático:

No es preciso entender los hechos.

**20.** Un último intento
Mañana se brega con mañana.
El crisantemo es por ahora, por hoy.

Brota de la pared oscura como
Remedio para la enfermedad, su canícula entra a
la vena y de la vena es un canal
Al corazón.

La última cosa nos es negada en la meta.
Forra con gusto lo mismo pared
Que atajo.

Es coleccionable. *Auch.*

**21.**
Ensayamos un catálogo des]co[razonado a ver si
      conseguíamos la dirección.
Nos guiamos por un malísimo sentido del sentido,
Anotamos el resumen tonal de opiniones.

Aspiramos en secreto más fuertes narcóticos,
      aspiramos a generalizaciones
      desproporcionadas a nuestro
Rango.
Se nos plantearon entonces dos opciones...
¿Cómo íbamos a hacerles caso?

Ensayamos unas enseñas imposibles
Para en este silencio hacer espacio con una mano
Mientras lo deshacíamos con la otra.
Cuando nos íbamos a salir de nuestro mundo
Notábamos sus agarres mentirosos.
Cuando nos íbamos a salir de nuestro mundo ya
      estábamos [colec]zonados.

**22.**
Coleccionar nos encaminaba.
Nos veíamos irresponsables de los espacios y
      podíamos salir a sanarlos sin ocurrírsenos
Que podíamos ser los responsables

O peor, peor: que no hubiera tales espacios.
Ibamos para esa dirección por inercia quizás,
Quizás convendría volverse a la guía con la cara
      de espanto que se pone

Cuando el desconcierto es absoluto.
Quizás no era una dirección y la malinterpretó.
Estas preguntas eran los narcisos de nuestro
      estanque en la espesura.

Pero no se nos ocurría.
Teníamos las mentes en blanco.
Teníamos las mentes nítidas para el escogido.

**23.**
Por querer sanar a otros antes de sanar nosotros.
Y cruzar el puente antes de llegar a cierto frío.
Y sin duda por escoger un método tan viejo para
        una emoción tan actual.

Porque, ¡Cuánto más rápido hubiera sido
Si nuestra [co]razonada hubiera sido una ley en vez,

O si nuestra cabina caribe en vez de aislarnos en su
        ambiente controlador
Nos lo hubiera abierto,
Y unos ojos examinadores se dieran el lujo de
        esa herida

Sin jugo [entre las otras]¡

**24.**
Y así y todo, es preferible
Una al día, dedicada al rasgo y a la
demonstr[u]ación.

Si se pueden más, chévere...

Mañana se brega mañana, pero también es cierto:
En estas libertades siempre hay una cosa grande
mala.

Que basta a algunos y no a otros.

A los que sí, van con el rostro lleno,
Lo razonado les corre, oh locura, por las mejillas
y enjambra,

Para los que no, lo coleccionado es su propio
infierno.

# La guerra y yo 2

**1.**

Esta es la tercera o cuarta guerra que vivo.

Quizás no pase de hoy.

Algunos de estos dieciocho añeros verán el fin de Star Trek

Y le contarán a sus nietos las excusas con las que ellos

Se sostuvieron durante la campaña.

Otros penetrarán a la zona desmilitarizada y

Más o menos completos desaparecerán del

Mapa.

Y no hay cosa en ello que se pueda calificar de

Formidable pero tampoco de despreciable.

## 2. Yo por mi parte

He odiado cada una de ellas.
He narrado al detalle cómo he sobrevivido
A los Estados Unidos del Alma.

Habiendo renunciado a las bárbaras prácticas
He incurrido en otras no menos horrendas
Por desconocidas.

Y habiendo codificado las excusas serias
Poseí por un momento ese falaz sentimiento
De haber sido condenado para siempre al horror, a la
            decepción.

Y he viajado en el Cerdo,
Conciente de un cielo insaciablemente sediento de sangre,
Con las botas hasta la embocadura enterrada en su
            entraña.

**3.**
Pero borré del mapa [del odio]
Mis zonas moribles.

Hace bastante no quería ser de la brigada
Ni seguir más órdenes a ciegas.

Era una risa de sólo mirarme.
En mi propia línea

Se me recuerda risa constante
Mas no obediencia.

**4.**
Este mapa [del odio] fue levantado por mí.
Dos años extático me bastaron para triangular el
        área,

La Sección me tomó más,
Debajo de la superficie hallé el mismo pavor

Solo que frío.
Me obsesioné con sus imágenes.

Esclavicé a más de un vidente
Pues establecí las fronteras impreñables

De las zonas más
Afectables con su videncia en mente.

**5. EL SENTIDO DE LA HEROICIDAD ES**
Algo que esta guerra ha cambiado para mí.
Tal vez viví en un héroe que recapacitaba
Al ver la deslealtad rampante.

Tal vez al héroe lo empezaba a ver como un desvalor
Y había coleccionado tantos ya que no podía aceptar
        ni
Los de mi juventud.

No sé si mi mapa consistía en dibujarle alrededor
A las manchas que hacían mis lágrimas en el papel.
Rodeaba con patrullas invisibles
Nuestro nombre secreto.

El rayo surcaba el lago y mi matrimonio
Fulguraba.
Así se concibieron en mi interior más hondo

Los episodios de tus deseos y mis sentimientos
        hacia el héroe.

### 6. Como médico

Yo había cruzado todas las veces que podía el
     campo.
Alentaba a los que yacían desmembrados por toda
     su extensión
Les cantaba himnitos de niño y fórmulas de grande
Dependiendo del nivel de agonía.
Les enseñaba cómo la sanidad puede ser alcanzada
Después de un evento así con métodos
Sencillos pero muy gradados, no fueran a
Alimentar falsa esperanza,
Que yo consideraba más nociva
Que el mismo rendirse. Esta otra noción
De valentía que se colaba por la fibra
Del miedo a perecer, arena en el corazón,
Barrenas de asedio, eran temas que en sus oídos
Ponía yo, brujo por excelencia,
Y con lo que se cancelaban
Pistas y amasijos.

## 7. ME TENÍA QUE IR DE ALLÍ

A veces danzaba mi despedida, practicando.
Mis ojos eran piscinas entonces,
El dolor era tan central que no podía ser descubierto
Sin acabar la Epoca,
Y mis caderas representaban sus lados.

Mis manos hacían los gestos taquigráficos
De lo que quería darles.
Abrazaba a uno aquí y
Mientras que a uno arrullaba a otro de más allá abofeteaba
        con
Estas palabras:
*Estoy pagando algo que hice en otras guerras más*
        *bestiales*
*[De haberlas creído].*

Mientras estaba en él, civilizador, creía en demostrar.
Pero a veces veía mi reflejo en tus vísceras
Y no me podía pasar las manos por los ojos
Y menos, parar de danzar.

8.

Estaba destruido.

Aun en mi zona de moribilidad

Tenía que disimular, había testigos.

Siempre hay testigos.

El corazón cree que es su guerra, porque tiene dos
    cámaras.

Ambas espantos de la razón, a la vez casas del estar,

Yo les aporto las bondades de la unión.

Y de paso les ayudo a sobrellevar

Las nociones pecuarias que algunos tienen de sus
    tragedias.

## 9. Yo

Estaba sano ¿pero por cuánto tiempo?
Es una interrogante que se aprende a amaestrar
Aunque cada guerra la reviva.

Siempre pasan loqueras:
De una muchacha sale una trinitaria prendida,
        mientras
Un negro gigante va con los ojos sacados diciendo,
        <u>voy por ahí</u>!

La atmósfera está tan tupida que me sangra la nariz
Y la boca me sabe a visón.
Me sorprende que pueda pensar en otros.

Veo los cuerpos de un anciano y un joven abrazados.
Sus espaldas parecen salidas de una pintura de Ingres

Y al acercarme sólo escucho
La horrible música que me une al paisanaje en su perversa
Armonía.

Todo parece mal hecho,
Y es que el fuego en algún momento cesa, la guerra no.

## ¿Qué me une a este hombre cuya nuca acaricio en la penumbra?

¿Qué me une a este hombre cuya nuca acaricio en la penumbra?

Una tradición de violencia y de ternura.

¿Quién es este Ancanchi que se reporta en este poema por primera vez?

No te engaño, soy yo y podría empezar ahora después de tanto tiempo a la intemperie a ser tu nene otra vez.

# Ellos

**1.**

Honran estos días críticos con sus curas y despechos.
Su límite es el Infinito, su ambición Lo Mismo.
Roban sus frases de fuentes etiológicas mientras más
      recientes, mejor.
Son sorprendentes mentes las que dibujan en escenarios
Típicos.
Luciérnagas no-animales que desparraman su
      semilla en
Areas para las que no habrá nunca mapas.
Túneles de entes de olvido donde el deseo se satinaba
Con frases de amor que no parecían sacadas de un manual
      único de
Ordenes.
Resonaban como un eco almante en unos castillos latinos
Sus dependencias.

**2.**

Se vuelcan sobre su infancia las memorias del principio de
      la ciudad.
Los símbolos, solos en las sombras de recintos
      espectrales,
Cada uno con sus ansias, cada uno digno de flotar.

**3.**
Se lucen cuando optan por unas paces aparte,
En Holandas catódicas, a merced de bandidos
        ubicuos
y de las nociones de herencia en las que a
        falta de centro
la gente se broncea o blanquea, según el
        caso.

Se lucen cuando lo invadido no es suficiente y
El ritmo mismo de ese dolor se hace tan
        insoportable que
aun huyendo por las capotas de los carros del
        sistema
Lo representan.

# La ciudad

**1.**

Molesta este estado entre la complacencia y la
      debacle
Esta simultaneidad de emociones que se anulan
      una a la otra
Esta horrible estancia en el éxtasis que se acaba
      con el hallazgo
Esta hendija donde entra justo la vida, sin espacio
      para
Una esperanza o crisis de más
Todo calculado al chavo, el número de roces con la
      vida blanda
El volumen por litro de los fluídos que van a
      señalar
Goce o Pena,
Ese derrame lento al que la vida se subyuga y
Los estetas temen, esas imágenes de gente seca
      por el árbitro
Sin derecho a apelación, sin posibilidad de reparo.
Yeste pasarse a las palabras de amor que profiere
La muchacha con el sello de la muerte en la frente
      y el
Muchacho que gira en la patineta en vecindarios
      del alma
Ya disueltos para los efectos,
Desafinando tonadas de autistas que nunca fueron
      diagnosticados, por suerte.

**2.**
Antes suavemente entraba en la atmósfera,
Mudo, pues los muertos se habían tragado las estrellas
        como
Hacen los tornados con las vaquitas.
Hoy rompo las imágenes de entrada para poder estar cerca
De los sueños puros.
Rompo con las emociones fáciles a cambio de esta
        violencia
Sin víctima que cura.
Rompo con el elogio de locuras que no valen pero que
        vuelven
Con creces al delfín en la lluvia.  Detalles impostores.
Rompo con los símbolos de la fuerza, pero de la única
forma posible:
Rocío el campo con una teoría del odio
Que comienza con el versículo
Y se crece en el terror
Y mantiene cuerdo al mejor
Y entra con estrépito a la atmósfera
Disolviendo sus campitos.

**3.**
Me promete la ciudad en bandeja de plata.
Con los apagados gritos de alarma grabados en su
         conciente.
Obra con ahínco que es el defecto que enalteció.
Se entrega al furor que pretende, como a un fauno eunuco,
Con una memoria ajena.
Todo desvalorizado, se sostiene a base de gritos.
Y el amor de aquel
muchacho cruel de San Gerardo, aquel muchacho cruel y
maravillado que hizo poco mal comparado.


Me promete las fugas más espeluznantes
que quisieron destruir la sensatez y la ocencia y no
         pudieron.
Arrodillado en el puente con la espesa Eva bailándome en
         la boca, arrodillado ante mi lengua madre
Como hacía el cazador frente al cadáver del mamut
Y el iniciado ante los nombres listados de su dios.

Ahí viene, lo siento.

**4.**
Daría cualquier cosa por sentir una fracción de
la intensidad de como sentía a los 14 años.
No esta nostalgia por cosas que nunca
        ocurrieron,
No este mundo posterior
Hecho con recuerdos ajenos.
Voy destinado por la desposesión misma al ojo
Que se contenta con visitar distopías
Que no sean copias.
Como sorprendido.
Como...

**5.**
Pedía misión porque me veía  a la deriva,
Reducido a la mínima expresión [servidumbre]
Veía resaltar mi tumor y lo veía cubrir como una lápida
Mis verdaderos miedos


Que llamaba poesía, como hacen los nenes.


Me escondía en el fenómeno porque
Le tenía fobia al conciente con sus días normales
Y rutinas ferruginosas, que el corazón, en mi opinión, no
        tiene que ver.


En este estado el alma copularía exclusivamente con sus
        reflejos
No le cabría el atardecer con subalternos a relieve
Ni el beso sin crimen de igual magnitud que
La lleve del cero a tu mente y plantee este dilema:


Tenerle odio
A la ciudad fenomenal
Y enamorarte de la del ogro, herido[a] de vida.

**6.**
Sentía [más que veía] los efectos del dolor en la
      emisión
de nuestros mensajes.
Abogaba, entonces por un resentimiento
      intuitivo, no por
la felicidad que nos rondaba como un novio
      inseguro.
Estaba maldiciendo el derrumbe porque no me
      acostumbraba
A  la idea de sufrirlo solo.
Negaba cosas para las que tenía evidencia
Después de todo, confrontaba al dilema sin
      pasión,
Estaba lívido de Verdad.


Como a mí me han fallado con tantas promesas
Ya tengo costumbres desilusionadas
: Lo que espero no me mata si no se da.

**7.**
También, como estoy amando ahora, no
       tengo tiempo para perder inventando
En las calles de mi planeta, violencitas de
       base,
Por antena o memoria o por falta de
       memoria.


Como inventé la ciudad en aquel Entonces,
       no puedo ya con tanta
Visión desenmascarada por lo que era
Con tanta
Visión desenamorada por la evidencia.

**8.**
Y liberado desde entonces de la Ciudad y del Verso
Oportunicé fuete que no quería,
Horror de amapola que hundió mi alma en bahía sucia,
Suscitó un monstruo-galán, en una oficina estacionada
Como si uno se pudiera divorciar del dólar
Y como si el mundo que la cultura produce fuera
      inerte,
Oyendo versiones de la misma cosa que santifican al día
Y elogian la inteligencia del que administra las
      mentiras de su nivel.


Y no habiendo podido referirme todo el tiempo a las
      distantes
Notas de un luchador retirado
Me perdí por momentos,
Dudé de deducciones elementales a las que había
      llegado,
A mis ojos no le dí crédito suficiente, aún lo cual
Empecé a cumplir con potencias de verdad,
Remonté la estrella con una saña indirecta muy mía.

**10.**
Y ciudad  y verano y sombra de promesa
Consumieron su turno pacientemente para lo
      que hubo del caldo interior.
Unos días conmigo unos días en contra mía,
Procurando no repetir una línea que delatara
Los métodos de desmentir que elabora el
      que acepta que odia
Ciertas cosas de listos,
Haber tenido que tachar ciertas
      revelaciones,
Todo el catálogo sincero de una ciudad
      sentimental
Expresada oscuramente.

**11.**
Espesa ausencia y voltear de esposas,
Lujuriosa presencia del des-cánon en la plaza para
    eso transformada.

Muelle de hinojos ante su bahía salitrosa
Revellines reaparecidos, rencillas sin fin, tristes
    límites de lo

Presentado,
Interiores irreparables donde el sol cae en unas condiciones

Incantables,
Carros que habían desaparecido por una magia de lo obvio.

Prohibidas cosas, tonos, materiales,
Atormentados por temores norteamericanos,

Guiados de la mano de metálicas indiferencias,
Se puede romantizar, incluso portar las armas si
    prometemos

Dispararnos con ellas. Localizar el observatorio que es
A lo último el tesón,

Niño colgado
A fuerza de anhelos contradictorios y deméritos.

En una ventana propia, acercamiento y, adivina,
Mano con pluma.

Cero ciudad a menos que haya afuera.

**12.**
¿Con qué era que se suponía que yo me identificara?
Las cosas porque se repitan no necesariamente son
      verdades.

Peligra el que se relaja demasiado y piensa que
Ahí la guerra no llega

Y es muy decepcionado y trágico.
Está como una ingenua atada al riel, está como las

Tortuguitas que se arrastran al mar, como el botones,
Como el niño realengo

A la merced del qué pasará.
Ilustra el problema básico de sus humanidades:

Que tronchan el vuelo de las ideas puramente optimistas,
Cortan el aliento de sus esperanzas en seco,

Cruzan la calle cuando vienen carros,
Duermen en un islote creado por el embate de sus deseos,

los imposibles,
Lucen sus cicatrices de lo que llaman amor,

Y en su ciudad se renuevan
A pesar de ellas, preciosas, perdidas.

**13.**
Detalles impostores, activos como relámpagos
Se enseñorean con el ojo
Con una teoría de mí, seguro,
Y acaso una de nosotros, de nuestras predilecciones.

Pensé que conociéndonos
Estrenaba un saber.
Pensé que lo malo era ignorar;
Aun siendo ignorar el cincel con que los dioses esculpen los
      astros.

Y ubiqué en la ciudad los presentimientos
Que a menudo prueban que el alma
Es ella una ciudad independiente
Imaginada, volátil

Y alabé un tiempo X.
Como víctima identifiqué entre la muchedumbre esa mujer
      demasiado,
Que se contrae un día anterior al Hecho
Y anoté mentalmente sus lavas en mi modo

Y sus tonadas pro-movidas y sus estrategias de fugitiva.
Estando libre no le cabía en la mente
Ni aguantar ni pelear.
Dos cosas que por una ciudad son válidas:

Que podemos reportar sobre cualquier guerra incluso la
      nuestra
Yaún tener una teoría de la excepción.

**14.**
Cada ciudad que desaparece
Está representada en esta ciudad recogida,
        crónica,
Que salpica su leche como un ruido en el pánico
Y su lástima ctónica, en sus mahones y salen
Pareadas una y otra y otra vez,  a parques y

Carros víctima, cisternas usadas como amantes.
Y mientras más antiguos más probables
Los cruces teratogénicos
Y los brotes de desdeseo.
Los lazos rotos, con toda probabilidad
Por ellos mismos,
Cruzan la ciudad gateando a cincuentaicinco,
Van aguantando unas ganas de vomitar.
500 Ivanes a 2000 Evas... era un momento dado.
Parqueados cerca del accidente
Ahora en dos lados, ahora en su segundo
Chance, corriendo de la escena aturdidos por el
        pacto,
Rostro en mano,
Descubren, para rematarse

Un inocente con una inocencia
Aprendida de la ciudad
Baja.

**15.**

No puedo decir que haya dos ciudades, la del
      recuerdo
Y la del olvido,
Sabiendo que hay del invento👍 , ✌ del deseo
 y 👌 del hecho entre literariamente quintillones.

Y que el mar del libro no es el mismo mar de la
      ciudad.
Y se acerque a ellos con memorias de cerro o exilio o
Natividad o
No va a ser el mismo que de feria o sangre.

Por calma relativa de las invisibilidades,
Tiene tiempo gracias a Dios para considerar
El drogo a horcajadas sobre las Memorias

Material para desplegar el mismo contexto, difícil de
      creer,
Alguna gracia para admitir una incomprensión básica
Que sea saludable en algo.

Alineando Helenas en las troneras con susto,
Cielo y tierra una línea,
¡Qué lejos se va para que la crueldad pueda ser

Juzgada, sangre y accesos!
Resultados:
Acostumbrados a pensar en términos de mejor y peor

No de igual,
Todo tiempo pasado esles peor
Toda ciudad un recinto cruzado por guaguas de las que
      sale el coro de

*En mi Viejo San Juan*

**16.**
En una cuesta abstraída por obligación
Hallada en la aprehensión de una ciudad de
      apenas
diez cúpulas.

En una noche para imágenes de penetración,
Una para penetración de imágenes,
Y aun otra para la unidad risa-precipitación,

Para una demencia cubierta de un feroz
legalismo,
De bodas en el apercibimiento de una comunidad

Funcionando torpemente al pesarme
La vocación

La ciudad es lo que se nota,
No necesariamente lo que sale.

**17.**
El ensayo continuo de esta idea de la colaboración
     que
arraigó hace 10,000 años.
El espejismo del gran amor actuado día a día por lo
     que viene a ser el alma,
El alma, esa práctica del trascenso expresada en
cantidad.

Todo, como doctrina.
Las iguanas cantando como jilgueros, confundidas
     por raras órdenes,
Canciones a un error,
Dividendos de guerra, alas que no corresponden.

Los adminístratas, los jueces, los artesanos,
algunos, cogiéndole ñaquis, otros nombrándole sus
     partes,
Otros componentes mendicantes, otros de sires en
     el destexto.
Y aquellos reaccionarios encantados mitad jabalís
     mitad lunas

Que en períodos de paz rigen sin
Oposición,
Y los hados de corral con sus nuevos modales en las
     artes
Y sus teorías sobre la censura
Y sus saludes gracias al consumo excesivo de prana
     local.

**15.**
Cada ciudad recuperada mantiene vivos sus lazos
Con una ciudad perdida.
Funcionando como símbolos de mendacidad.

[Incluye esa memoria de atrocidad y luego de
    escándalo.]
Quizás no sea tan importante
Si se recuerda.

Qué sé yo ...
Quizás esos lazos no existen.

**16.**
Abierta a esas posibilidades, la ciudad
Como la ve un muchacho
O un cuervo, es una pista, un juego:

Mira y vente.
Vindica los intentos
[Nada más que los intentos]


**17.**
Ahora vienen las estampas:
Prometidas y espesas como ciudad
Bajo lluvia.
Oscura y plusválida.

Las tardes se posan en ella en toda su opulencia
    de verano
Con sus palomas esclavas y sus coristas
    soberbias.
Que lo que se recuerda se crea,
Eso nadie me lo tiene que enseñar.

**18.**
Significan algo esos días puntiagudos en que
     corté clases
Con el alma agorrionada,

Montado en la número uno buscándoles las
     vueltas
A unas comarcas radicales pero permitidas por mi
     condición

En la que ahora no voy a entrar por no opacar ni mi
     desconcierto
Ni mi ingenuidad ante los hechos de guerra.
Todas las vendas del mundo no me hubieran
     bastado para
Mantener cerradas esas heridas.

Tiempos secretos de opresión sin par
Acosado por seis o siete ignorancias diferentes

Tratando de formar una idea no-racial en un vacío
     de
Modelantes.

Lo cuento ahora y parece lástima por alguien que
     nunca
Pasó ni fue

Pero a menudo me parece regio que vengan a ovar
En mí estos insectos tamaño persona

Hechos con pasados míos y ajenos,
Preferiblemente míos o

Sólo insinuar láminas que yo no haya visto antes y
que no
Nieguen las del resto del mundo.

Bueno, quizás las de los príncipes acrónicos que
en su sabiduría se han hecho invisibles.

En un mar de deseo
Del color del mar físico pero sin

Rastro, se dice, de mar pirateado por cualquiera
con dos dedos de frente
Y puesto [en palabras].

Igual al propio.
¿No es eso surgir, emanciparse, limpiarse

De la flema que representa la ilusión complicada con
el dolor?
¿De la esperanza?

Vagaba, ¿qué digo?,
Vago posiblemente repitiendo las calles
Con el dinero preciso para llegar nuevo a Cupey
Alto

Asombrado con el silencio,
Aterrado de la duración de aquella inocencia.

Tan listo
Tan suertudo.

**19.**
Esperé en especies de Kremlins
En uniforme y llevando mis libros.

Cómo yo me hice melancólico es un tema privado
        pero
Quizás ahora pertinente.

Quién me había hecho así, quién sabe no tiene
        respuesta
O nadie me hizo así

Y era sorprendente que yo me pudiera nutrir de
        lo que me gustaba
[Dentro de mi condición, que no fue sólo
        ambigua.]

Cuántas veces me pregunté qué defendía ese
        fuerte que me halaba en
Aquellos días luminosos e hirientes de cuando fui

Y aún tuve que esperar.


**20.**
Como loco.

**21.**
¿De dónde provendrá el <u>permiso</u>?
¿No es de la raíz?  Del fruto no es.

Ni del que
Le entierra miles de púas al curioso.

Como la muchacha que mira a ningún sitio
Para no tener que mirar.

; Para no haber edificios
había mucha sombra.

Y para no haber gente
Había demasiados carros.

Uf, no me hagas caso.
La falta de ciudad está surtiendo efecto.

Llegaré a anciano y no habré transmitido
Más que vagas necesidades y extrañas
        prohibiciones.

Nunca tuve la razón en su sitio.
Y hoy es un día de esos.


¿Cómo será el mundo, ese espacio sexual
Que negamos con sus órdenes y eses [heces]?

**22.**
La ciudad es de noche.

De día es otra cosa.  Tiene un nombre …
Pero lo desconocemos.
¿Por qué tenemos que saber todos los nombres?

Al olvido de ellos se dedica la legión.
No hay monumentalidad sino la práctica de un
         desconcierto
Sin truco
Que refiere al alma a un puesto amor.

Terrible por inurbe.
Todo ansia sin resolución,
Todo peligro y sirena.
Descubierto cada vez lo sin opción de la cosa.

Candela.

Corazón en Sagitario, paladar en principios de cáncer.
Ciudad en blanco, por venir en clave,
Dolor de piso.

A los nombres de ellos se enciende.
Luz del mismo manar, que ciudad, que nombrar.
En el centro de las ciudades visibles, la imprevisible
Apunta<sub>la</sub>da.

Es el hielo de Algo.
Más emblemas para probar si hay saciedad
En sus acepciones más llanas.
Donde ya que los apetitos se viven, no importa la
    redacción.

Veamos a mi padre en la grama del frente de la casa.
Veamos la relación poeta y león, si la hay.
Veamos las trilogías, ahora, de casa, poeta y león;
De bahía, cordillera y espacio aéreo
De alma, telefónica y trama.

La fronda desaparecida.
Devuelta, sobrecompuesta.
De lluvia en el mostrador.

¿No será que venía?

**23.**
Ha de ser tremenda ciudad la que se nos niega.
Si cazada, nadie la captura que me interese.
Si barrida de extremo a extremo fue por dejada.
Ha de ser ciudad y media envolviéndose sobre sofismas
Que la cotidianidad confirma.
Días perdidos para lo Horrible,
Catalogias donde Astrofantes legítimos comparten la Vista.

Que se evapora hasta para el que no quiere.
Porque lo peor del mundo es _casi_ sentir algo.
Poder percatarse del celaje pero no del bólido
De ciudad
Distraído por las cantidades crudas como
Actos en una obra mal concebida
Por alguien que piensa en Morro y piensa en
La ficción del Morro.

Como ella, privada, puede enternecerse con vidas
buenas y malas que no se pueden detallar
Y en su imposibilidad se expanden,
Ejemplo: la de la hija del lanzador de cuchillos, la d
El muchacho ofuscado con rango y raza, la d
El Tonto de honor
En su bosques de himnos cruzados de manos.

Una de sus lecturas tiene que ser impresionada.
Ideal sería esta actividad, este mes: cuatro horas de
Rastreo inútil de una capacidad personal de ciudad,
Esta localización de una ambición más grande que la
Historia
Obviamente.
[Otra tiene que ser buscando consuelo.]

Porque cada loquera está equilibrada por un
            presupuesto y una tarde en
Plaza.
Y cada pierna-podrida por un mundo tan grande que ni uno
Ni otro puede resumir [lo crea uno o lo crea otro].
Así, el que viaja con ojos prestados tarde o temprano se
Va por la luna y afecta a sus vecinos con su flema.

Y como hay un origen para todo,
Me pregunto cómo esta ciudad fugitiva compite ahora
Asomada a unas fronteras
En expansión.
Alas bien pegadas a la espalda, afuera ojos cerrados
Adentro abiertos
Sorprendido, decepcionado, conforme, alegre,
Loco por poderme quedar.

En lo falso de la ciudad-posada, lánguida, senatorial
Con noches entre tenidas e inapropiables
Esperando lo que siempre pasa
Y, ¡atiza!, se encuentra en la boca de una cueva
Tirando los regalos a la oscuridad,
Aprovechando las sombras para comerte mejor.

Favorece lo incaptable, que es amoral, a lo macizo.
Nadie ruega como el que sueña
Y tal vez nadie es más engañado.
Hay unos reinos que nadie menciona y esto entraña
Peligros de Poesía [por no decir de película].

**24.**

Para que al borrarse todas las anécdotas que
      facturan
El fabulario de lo cotidiano
Con sus playitas específicas donde se aprende lo
      mismo a  amar que a matar
Y sus chalecitos de mentira y esos momentos de
      inequívoca
Felicidad, sin noción, sin imprecisión,
Y por la fuerza de esos detalles ver mejorar su
      amor
A una ciudad rescatada del fondo de la propiedad.

A una ciudad mantenida con el sudor de todo el
      mundo
Y dirigida al final final por el Presidente del
      Mundo,
Donde el cielo es como creían los antiguos el <u>techo</u>
      de la Cueva.
Y las sombras, se descubre cada día, lo sustituyen
Para los de adentro.

Y ahora, porque aun así no es la ciudad el enemigo
Ni la cueva, ni el valle ocupado, ni la cuenca caliza
      y aluvial del
Anti-río, negado posiblemente más que la ciudad
Por un plan, ¿quizás? ¿por una burla del
      remitente?


¿¿Contra qué enfilar??
El crimen se suma al origen como misterio pero
      también como evidencia.

## EPÍLOGO
De las muchas formas de captar
Esta sería la del juez.

El juez jamás se irá de tu parte.
Tu parte lo atará como hogar pero solo su hogar es
        su hogar.
Sobre los injuriados la bandera siempre ondeará con
        más fuerza.

Ofendido de la ciudad; ¿no es cierto que me agito
        excitado
Ofidio, libre, y, a través del horno, ¿no notas, tú,
        sencilla perfidia? ¿No podrá ser así contigo?


No sufran porque no quieren.


Locura de ciudad, revuelve cosas que se esperan
        pero que ya se tienen,
La pregunta es, ¿Es revolver
Religar?...

?  !

Aleister Crowley (1875-1947) bajo el seudónimo de Padre Perdurabo,
de *EL LIBRO DE LAS MENTIRAS (1913)*.
En el original, cada rectángulo ocupa una página.

# LEGIÓN

## 03. EL LIBRO CLARO

# GAVIOTAS

Mis compueblanos, allá afuera en el gran mundo,
hay muchos con quién me sería mucho más
provechoso vivir que aquí con ustedes.
Me zumban alrededor, llama que te llama!
Y por mi lado Yo les contesto, tan alto como puedo,
Pero ellos, siendo libres, pasan de largo!
Yo me quedo! Por lo tanto, escuchen!
Ya que pronto no tendrán más cantante.

Primero les digo ésto: Ustedes han visto,
no es cierto, las aves raras que a veces
reposan sobre nuestro río en invierno?
Permítanles, entonces, causar que[(uds.)] piensen bien de las tormentas
que empujan a muchos al resguardo. Estas cosas
no suceden sin razón.

Y lo próximo que les digo es ésto:
Yo ví un águila una vez, dando círculos contra las nubes
sobre una de nuestras iglesias principales—
La Pascua era— un día bello!
tres gaviotas vinieron de sobre el río
y cruzaron lentamente, mar adentro!
O!, Yo sé que ustedes tienen sus propios himnos, los he escuchado—
y porque Yo sabía que invocaban a algún gran protector
no podía encolerizarme con ustedes, no importa
Cuánto injuriaran con ellos la música verdadera—

Ustedes ven, no es necesario que nos brinquemos encima unos a otros
y, como les dije, al final
las gaviotas se movieron mar adentro muy tranquilas.

William Carlos Williams (1883-1963) de *AL QUE QUIERE*! (1917)

# Confesiones de un racionauta

a Tony González Walker

Mi sentido de dirección es una mierda.
Y mi memoria ni se diga.  No recuerdo nada.

Políticamente soy un cero a la izquierda.
No tengo propuesta no tengo convicción no tengo ideal.

Emocionalmente soy un desastre.
No puedo salir de una euforia que me empezó en 1968.

Mi matemática es álgebra 1 y 2.
Mi ciencia, química básica.

Mi arte, deshacerme.
Mi crítica, dos líneas redentoras.

No tengo genealogía,
Soy libre por el método equivocado.

Nada para mí es mi pasado.
Sentimentalmente soy otro lapachero.

Con el agravante de que todo
Es posible [para mí].

Ya todas mis bestias han sido disecadas

Y en las mañanas mi carne no se siente como arena.
Ya no siento como que voy a explotar por cada cosita.

Mi alma va directa a la              .
Pero si usted [tú] no me cree[s]...

¿De qué nos vale?

# Hecho para alguien  a Lilliana Ramos Collado

Hecho para tí, mas no contemplado.

Hube, y hube con gusto.


Mis pómulos se juntaron con mis cejas pues

Había sido un año de sorpresas que la cogía conmigo.


Estuve a punto de establecerme en tu esmeralda

Pero preferías otras prácticas.


Sé que estoy en camino de volverme en contra del espanto.

Pero me he aguantado un montón.


Hecho para tí, quizás... Para mí no,

Fui suspendido por faltas.


Siente los efectos del decante...

Son parte del castigo, parece.

# Dos buenas respuestas a Angel Luis Méndez

Apuestas de los días en que perdí el interés

De convencerte.

Te dedico este pueblo.

*A riesgo* es pobre como causa

Y asombra que alguien siquiera lo mencione.


Es de esperar

Y sólo por esa razón es *de esperar*.


Camino de espaldas,

Peligroso como rayo de sabana.

Mis plantas arden por no querer quedarse atrás.

Y más sentido no se ofrece.

Ya es septiembre y ni siquiera será septiembre.

La guerra ha acabado con nosotros

Y siempre habrá guerra.

Ahora lo sé seguro y me preguntas,

¿Qué interés tiene y de qué está compuesto?

*Tenía y estaba, ninguno y de nada.*

# Del suelo no paso a Hjalmar Flax

**1.**
A la Poesía lo que le hacía falta hacía un tiempo era
un bien sin explicación, lejos del contacto sexual,
          lejos del
bucolismo o urbanismo fáciles, lejos de la
          experiencia
propia de lo sacerdotal, de lo feligrés.
Le hacía falta una oración que se sostuviera por sí
          misma sin embelecos.
Una oración a lo conjetural que
[hasta] lo denunciara.


**2.**
Tengo que acercarme tanto al fuego para poder decir
          las cosas que creo.
Cuando terminan mis oraciones las reconoces a pesar
          tuyo.
No sugieren imágenes, no imaginan sugerencias.
Están tan desprovistas, que la esperanza de la comprensión
          puede
Convocarles cualquier personalidad.
Son creaciones de un saltamontes réprobo, asesino
          de palomas en parques de armas
que huye de su coágulo por el camino perfecto,
que es ganarse la vida dándose el lujo de ser insensato
aspirando a ser algo que no todos puedan crear
pero sí tal vez algunos creer.
Tengo que someterte al sentimiento más de]s[cantado
De otra forma me vuelvo lo mismo.

**3.**
A mi camino salen las hidras desposeídas
        orinando sangre
Y las niñas que se paran en teléfonos a llamar a
        su genio
Y los señores espéjicos con sus lanzapanas
Y los pecadores que pagan por los justos.
Es una noche de cruz, me piensas feliz, espero.
Estoy lleno de luna pero estoy.


**4.**
Digamos que me atropella el carro de la
        historia.
Del suelo no paso.

# Se le dio una vida de conceptos y se quejó   a Jan Martínez

Estaba enfermo por enero.
Era capaz, pero observaba las fiestas ansioso
    desde el corazón.
No obtuvo el pinar como otros, los pinares casi
    todos le huían.


Tuvo el suertón de alzarse en febrero.
El alma le parecía tan clara de entender que no pudo
    callar más.
Gastó una herencia tratando de recuperar el lis
    que envidiaba
Cuando débil.  Era menor quizás, pero le
    sobraban lemas.
Y sanó al que más le odiaba y como actuó en
    su no-obra
Entendió que era suciedad lo que no le puso en
    la boca.


Era marzo, era hora de salir de ella.
Seca y sorprendida, se anunciaba una era
    agradable
Concebible para animales no-cíclicos, no-
    comprendidos o
Era marzo que le cogía *in fraganti* de nuevo
Apreciando

Lo fácil que se mondaba abril en los errores del
constructivismo.
Como la carga del caribe que se zafaba y le caía
encima.
Lo que quedaba era para un mayo espartano que
cumplía años por él.
Simpleza de simplezas que las seis cuerdas del
año acompañaban
Al *SON* por *QUIEREN SER*, al medrar por las razones que
junio
Contenga y a apostar muchas veces a un futuro que
excavó de Deseo.


El rictus del que cree saber,
La arena dentro del pecho del que ha visto la trama
ya,
En los medios menos convencidos de julio que se
asola, entre
las huestes del pasivismo, comiendo y bebiendo
ciencia y
Nuevo para todos los efectos de agosto
Que nos desaparecía los niños de la acera.


Las noches que el hombre honesto se cuestiona,
Mostrábanle una faz amable como la de la
adoración.
Y no estaba sugiriendo que se adoren,
Ni por siquiera ser este un septiembre de
excepción.

¿Por qué no pudo ser fácil : uno o dos aspectos al
        máximo?
¿Y por qué no pudo pasarles de largo?
Preguntas de octubre que recibe por la espalda,
Y por las que está de bruces en tu marquesina,
Límites que se impone el que idea contra olvidar
Todo segundos después de que noviembre empiece
Con toda su vegetación paradita,
Toda su participación clarita.

Para alimentar a
Diciembre, incontestable en sus hazañas,
Su puerta lacia y su muro epiletial.

# Lunasis a Vanessa Droz

Huía de la adoración
Pero como quiera siempre le alcanzaba.
Era un rey que se enfermaba inmediato después
      de la coronación.
¿Actuaba mortal en querer permanecer?
Actuaba infantil.
[Más por querer, también, mantenerse sólo.]
Huía de todos menos de tí.
Tú eras su razón, tú eras su lunasis.

Borró dos líneas para salvar lo que
Deseaba, pero que no podía insinuar.
Supo vivir de excitaciones futuras.
Señalóse; era su enigma, era su vida.
Restauró uno a uno sus secretos y después dos a dos
      sus porqués.
Y en alzada lamió todo tu cuerpo.

Perdió el Mito y con él el sentido del Enemigo.
Apercibido, compuso 6,000 fábulas sin moraleja.
Un poco demente y demasiado inconforme
Para ser verdaderamente infeliz
Se hizo insensible a las artes sin inmensidad
      propia
Irrumpió como un ebrio en la fiesta
Irrumpió como un neófito en el aditus
Irrumpió como una fábula sin moraleja
En el fabulario.

Y lo peor fue que supo *lo malo* y no hizo mucho
    por arreglarlo.
Habiéndose identificado en su ingenuidad
Con el que creía un buen bando,
Decidió exponerse como Nadie.
Con un letrero que leía *Favor de cremarme*
    *ahora si posible.*
Tomó sus cámaras por sorpresa.
Estaba en tu clase. ¿No lo viste? Era él.

# Mis verdades a Andrés Rodríguez Barreto

Una colina se me manifestó en el hospital.
Iba de necio, no iba nunca a saber ver morir a
      alguien bien.
Mi hermana vino con sus dos nenes,
La nena estaba con mami en Lógica.
Primero entró en un viaje de obsequiosidad.
Sentía que no se le exigía ya.
El hostigamiento era nuestro, hacia afuera,
Y era mi vida,
Sólo podríamos quedar en eso.
Y ahora que velaba los intereses de gente que
      despreciaba :
El playa, la pueblo, los fiernos adyacentes y
Una imagen de positivo que se me presentó como
      tú,
Y logré, si bien no comprender, abarcar.


*Alguna vez* no era problema para mí
Era del llano y por lo tanto <u>vivía</u> la línea recta.
Pero para la publicidad era muy vago y para la
      filosofía
Muy práctico—

¿Cuáles son mis verdades?
Yo también me lo pregunto.
Es un vacío gigante el encendido,
Y el embrague otro y otro más el apagado—
Yo creía que no podíamos agotar, al principio,
Todas las posibilidades de la incertidumbre.
Pero me equivocaba y no era la primera vez.


¿Mis verdades? De nuevo :
Mis verdades son simples : no te tomes muy en
        serio,
Haz lo que puedas, haz lo que quieras, trata sin chavar a
        nadie.
Ten bien presente que ser es incomprensible y
        los
Esfuerzos por comprenderlo vanos todos.


¿Mis verdades?  Son nocivas y encima, por
        simples se pegan.
—*No*, le dije a las imágenes de bienestar que se
Apoderaban de mi mente,
Sueños de otros que venían a asentarse
En una [mente] comparada desde el inicio a un lago.
—*No,* a la primavera de la costumbre local,
—*No,* a las costumbres ajenas de primaverar.


Si es una trampa [y lo sospecho]
Ya le dije —*No*—, aunque te haya consternado.
Dios mío
¿O fue precisamente por haberte consternado?

Seguramente hay otras formas de hacerlo
Y si las cosas son tan necesarias como yo las
creo,
Seguramente las hay casi idénticas.


El daño es permanente y ahora visible
Y con él viene cierta expiación y [claro]
Cierto propósito de enmienda.


Como yo era hace treinta años, digamos,
nunca volví a se r.
Tenía razón [no funcionaba] pero no había
Tomado en cuenta al Tiempo
En cuyos ojos somos pequeños.


Seguramente las repita otro[a].
Almas como las mías vienen en tríos.

# El sombrero de Fofó a Rachel Schwartz

Mira cuándo y dónde vengo a recordar el regalo
Que te rehusé.
Te *tiene* que haber hecho daño.
Era lo usual entonces.

Recuerda que todo es experiencia.
Si me lo hubiera olido en aquel  momento
Mi alma no le hubiera hecho a la tuya lo que le
      hizo
Y quizás yo habría sido otro
Pero el caso es como se relata y no hay a veces
más que un chance.

¿Lloraste?  No fue la última vez que alguien lloró
      por mi causa.
Cuando la vida es pensada buena,
Viene este tipo de mentalidad de *¿Qué importa
      una lloradita más o menos?* a enseñarnos
nuestra verdadera cara?

Estoy relajando con la religión.
¿No te preocupa con que objeto?

# El regazo de la simple ironía

a Jorge Carbonell

Aquel era un mundo donde no había nadie pipón y feo o

esbelto y lindo,

Bueno o malo, brillante o mediocre, fajón o vago.

Sencillamente dolarista o yenista, o bolivarista, o eurista

Ni espiritual en grado sumo.

En el que eran todos siempre iguales, fuera

Alto o bajo, negro o blanco, rico o pobre, urbano o rural,

Educado o analfabeta, en administración o servicio, sano o

enfermo,

religioso o ateo,

o coleccionista o fondista o contribuyente o peatón o

estadista u organizado o preso o en éxtasis o revalidando o

apercibido o en cama o en fila india o celular o

ingenuo o hecho o perdido o a favor o profesional o cafre

o ascendiendo o invertido o descendiendo en pose o crítico

pero en privado o genio o militar o niñísta o adentro

o amistoso o eufórico.

Y como no me lo puedo extricar de la mente

Mira lo que hago de aquí en adelante :

Aunque la violencia fuera la madre y el padre de ese Mundo

Y que la perfección misma que predicara fuera violencia

Y que durante toda su ontogénesis mostrara la cara que

Se debía ocultar

Según la superstición,

Prueba que el exhibicionismo implícito

En todo mundo

Tiene motivaciones del todo ocentes en ese.

Y ya que no es posible ninguna emoción original

En mente

Y que al final importa el panopticón tanto como el

Inversionista [o sea todo]

Y que cada hora que pasa la locura gana adeptos

En el regazo de la simple ironía

Que funda su amor precisamente en la calma

De los usuarios

*Que hasta lo bizarro cualifiquen...*

Vale?

Vale.

# Alberca sibilina a Mayrím Cruz

Alguna pez ova en esta alberca.
Una fronda silbante dispara su sombra y su bálsamo
a la espalda tibia de alguien que antes, quizás, no pensaba.

—Yo no lo pude aguantar—

Un río que puede ser mi pavor expresado en agua
Y un cielo tejido por un matorral,
Una gente en una casa nueva [los detalles sin coger]
Están de corazón del asunto.

Tres carros en la marquesina, una antena de satélite
Púrpura, listas del pavor de un paisano del borde,
Categorías que un gentil propone al sanedrín,
Dichos del ungido que nunca prosperaron.
Cuyo principio oculto es la coherencia totalizante
Y cuyo efecto inmediato es el monismo.
Cuyo principio es la duda patológica
Con la que empaña el cristal detrás del que estás, de
Cuyo acto separar es sello
Y que se unta, a diferencia del convencional
Que, aislado, se puede descifrar más o menos fácil…
—Y vacío—

Es harto conocido el matarile.
Se anuncia en todos los sitios que tienen venas.
Es el del que distingue entre accidente y albedrío
Para beneficiar a sus panas
Ese bonche montañés que oye música mirándose las
costas
Para probar la disposición general a algo terso.

Esos son los temas : : un sol que tuesta la virgen,
Un amapolar encandilado, un
Personaje especialmente adepto al sobo lascivo,
Una mujer en sus sesenta mitad en sombra
Mitad en luz
Y el perro de la casa, en cemento y bolas de corote.
Un sol que uno pace o es lo contrario,
Un truco viejo, símbolo de encerrona
Negador y obsceno,
Y no el sol, ni el cáliz que al sol se avasalla.
Chulo que entre cerveza y cerveza se da una tocadita
obedeciendo órdenes
De magnificencia que nunca se explicitan y que quizás
posiblemente ni existen —

# Chiringa a Heriberto González

Lo tenía todo en la cabeza

Necesitaba divertirse de hecho.

Corrompía todo lo que tocaba

[Que estuviera por corromperse]

Sacrificaba su eternidad en cualquier altar vulgar.

Era un alma sin opiniones, todo lo veía como

Oportunidad.

Y un día ¡fuap!, se fue a juste.

# La fuente y nosotros a José Luis Vega

Esta poesía no es para tí ya.
No sé ni por qué te la dedico.
Inercia, quizás.

Tú para mí nunca fuiste.
Te inventé en el rapto y después no me pude
           deshacer de ti.
Y te hice comunicaciones como ésta,

Que eran impulsos sentimentales
De uno asombrado y sin razón dirigidos a alguien
Que por más que quisiera no los podía entender.

Y toda se fundaba en una ciencia irónica
Que no le veía posibilidad a ningún pensamiento
Que surgiera como ellos.

Siempre quise que fuera para ti
Una fuente aunque fea, limpia.
Pero exigías uno o dos tipos fijos de escritura.

Me pregunto
Qué harás
De ahora en adelante.

# Ahora es imposible <small>a María Juliana Villafañe</small>

El mundo no tiene explicación.
El amor no puede hacer nada por nadie.
Y la mentira es de todas las diosas la única aún
  verdaderamente poderosa.

Ahora es imposible.
Ahora tiene su impedimento : nunca.

Pero tiene algo hacible,

No ritmo, no sistema, no patrón, no huella.
No señal del mundo.

La luz allí es agresiva.
La mentira allí lleva tiempo.

Ahora
No es el mundo.

# Sobre la contestación nacional

a Iván Silén

1.

OK., te voy a decir mis ideas sobre
la contestación nacional.

Estoy frente a una computadora.
Tengo 48 años, debo ser feliz

Porque hago lo que quiero.
Estoy entrando a unos archivos prohibidos.

Corruptos, perdidos. Da igual.

2.

La dama de noche, la dama clara
La dama mía, ninguna y todas deben estar.

Están.
Hari dice que la naturaleza sabe.

Estoy ante esta tragedia :
Para mí son naturales [esta palabra] estos ojos llenos de
          lágrimas

Estas noches que hierven de tanto optimismo.
Déjame probártelas.

3.
Estoy en esas.
Y recuerda que yo soy el único que te
    pide permiso.

Todos los demás entran como Pedro por su
    casa—
A darte clases de pasadología.

Hemos admirado la memoria con tanto
    fervor
Que nos hemos olvidado de lo fácil que
    puede hacérsenos *entrar a nada.*

4.

Para mí, que estamos entrando directo.
¿Somos *especiales,* o qué somos?

# Peligro, peligro a Nydia Fernández

Este poema fue prohibido hasta por mí.
Sus olas arrasaron las defensas del Arte,
Entraron en los antiguos fortines, ensuciaron las
pocitas protegidas.

Estas lenguas se mantuvieron firmes y en su tiempo
me señalaron.
Este poema negó la superficie. Eso fue suficiente
para mí.

Y fue sostenido por el odio.
Por eso desde que se anunció abochornó a su adalid.
Esos eran niños y niñas en la orilla,
Perdidos con todo y su alegría.

Si estas lecturas dél te han hecho olvidar al pueblo
Es porque el pueblo no existía más que en teoría
Y no porque esté a mil años luz dél.

Este poema nunca salió a ella [la luz].
Se me mantuvo adentro como un tumor todo doloroso.
Cubrió con su actividad tóxica hasta lo más mínimo
Y me cegó con sus heces.
Era una semilla llena de causas públicas
Y privadas que prendía después de tanto embolle sólo
para segregar espíritus.

Este poema era su propio lema.
Recomiendo que no se le considere.
Es más, yo soy el primero que sugiere que se olviden
sus vistas y
Que se obtengan las pruebas necesarias en su contra,
Para lo antes posible denunciarlo ante los medios
O ante quien sea que se denuncian estas cosas.

# Declaración jurada a Chloé Georas

No hay poesía.  Esta es la ironía.

Lo que hay es lo que queda y lo que queda no es

mucho.


Se sabe que esto es así.

Se sabe que esto ha sido así siempre.


No ha habido poesía.

Esto no es poesía ni va a ser nunca poesía.


Por lo tanto no va a haber poesía.

No va a haber poesía de ningún tipo.


Hoy nada es poesía

Si alguna vez fue todo poesía, yo no lo sé.

# Opera simplex a Dennis Mario Rivera

**1.**

Debí saber que mis términos eran fatales.

Y que la cura para estos ánimos no se podía
    conseguir en el caserío.

Los reclamos del denominado común me estaban
    abollando

La terminación.

Debí cubrir el rastro mejor.

¡Qué ópera ésta, tener que acostumbrarme a ser
    normal!

**2.**

Dulce explosión, no me tumbes el muñeco.

Ya es pena suficiente que no vaya a durar, no me
    la dañes más

Insoportabilizándomela.

Dulce lepra, no me sigas separando del grupo.

Con tu pesimismo devastador, sosténme.

Con tu llanto y cuna, duérmeme.

¡Qué julepe este constante!

**3.**

¿Y de qué viene esta pena rara, de riscos y
     playas salvantes?
¿Y cómo que no hay expiración?
Igual estas plazas prohibidas y estos
     monumentos al
Relativismo.
¿Cómo es que no se evidencian?
¿Y qué sé yo sabes tú qué importa en realidad?
¿Y cómo te importan éste y éste, y de éste otro ni te
     percatas?

Dale gracias a la casualidad que es desde donde
     todo se podría comprender
Sin miedo a la imposibilidad y con una muy alta
     probabilidad
De isofilia.

# a EE con motivo

De una necrópolis a otra, pistilado, de

socorredor,

De implosión en implosión, embotado

Por culpa del binarismo dominante pero

liberto[?] por esfuerzo propio.   Buche.


El día acaba en un triunfo dudoso.  Cruento y a la vez

inofensivo

En una época oscura y expresiva

Darse gracia, no digamos ya darse cuenta ¿le arrojará

alguna clave

Reconocible al que busca?

# Perspectivismo clásico

a Aurea María Sotomayor

Estas son canciones que silba el bosque de Vraja,
que vio el desmadre.


El río de defensas que nos llevó al lecho y que
ahora ni siquiera se explica.


Y esta belleza que tenía que ser pertinaz y sin
tregua.


Esto pasará [aun] después de que se le acabe el fuego griego


A todos los bandos.

Será la recogida antes de la cópula.


O sea, una recogida húmeda.


De debajo del suelo salen, idealmente tramados por
el anhelo.


Cada cual es muy particular con los suyos y ve
leves los del otro.

# Poetic Arse a La Crítica

Por muchos años me creí lo de paranoico.  Pero
estuve afuera
Y al final **opté** por estas emociones.

Quisiste que yo no me creyera y pretendiste que yo
hiciera las cosas a tus maneras.
Pero decidí enseñar*te* a hablarle a las masas
nuevas.
No a las ingenuas de antes, sino a las ingeniosas de
pasado mañana.
Igual que diría Fico.

Quisiste que no hablara de temas como la luz
porque en mi boca se hacían abtrusos.
Así que le dediqué la mitad buena de mi obra a la
luz
En detrimento de otras realidades
[para las que, en compensación, inventé un género
mayor].

Amé tu mente.
Sin reservas.  Actué como tú quisiste.  Más
específicamente,
Como yo *creí que tú debiste querer.*

Que era lo que hacíamos todos los que te quisimos
influenciar.

Fabriqué una obra tras otra con el propósito
explícito de dotarte
Para cosas que a mí me estaban vedadas por esta
mezcla
De intereses.
Pero para desgracia mía
Tú no siempre estuviste ahí.

Conocí el valor en vuelos de placer,
Y procuré que cada sentido fuera musical sin
suscribirse a escuela.
Lo pudieras aceptar o no.

No te podía imaginar accediendo a cada punto
[Habiendo yo comenzado creyendo en la voluntad]
Ni admito como cierto que a la poesía la distingue la
entrelínea,
Ni que vivimos en paz, ni tantas cosas que son para
tí dogmas.

Sin embargo, lo mejor sería que tú sí a mí [me tomaras en cuenta].

Con calma le estarías cantando a toda la gama
No sólo a lo extemporáneo.
Aun habiendo comido en mi mesa mi yeso.


Es que si lo hubieras pensado tú
¿Te sentirías así, mal?
¿Qué han sido todas las limitaciones esas sino
    postensiones?
Por culpa de ellas tengo problemas graves con
    muchos opinantes.


¿Por qué nací en este sitio
Perfecto para cortarle ambos pies a las almas que
    no se conforman con
Ideales para cándidos y fantasiosos?


¿Era preparado para la paz sin haberme dado
    cuenta?,
¿Era eximido, o bravo pero sin suerte,
En los oscuros más risibles, en las piernas de la
    inexperiencia,
Asido como a zancos, bajando y luego
    subiendo a velocidad?


Tanto terror debería servir de algo...

En fin,
Estos son los milagros famosos,
Vistas ideales que sólo se comunican por extrusión.
Y que se quedan sólo por que insistí.

# Raíz imborrable a Juan de la Puebla

Esto contradice todo lo que he sido.

Es [o contiene] la raíz de mi visión, es mi enemigo

Admitido.


Ahora mismo me está negando.

Trata y realza los cimientos subterráneos de [c]alma.


Sin esta venda, el dolor y la ira se apoderarían de todo el futuro.

El futuro no tiene instantes y es otro privilegio.


Esta conciencia pone en evidencia el morbo local.

Acaba con portadores y asociados por igual.


Y contradice todo lo que quiero oir.

Ha vuelto de un mundo latente sencillamente no lo puedo borrar.

# Siempre engañados a Israel Barreto Lugo

**1.**
Parvular ante tu agonía,  papi.
Mi compasión compite con mi desconfianza
cuando te veo sufrir.

¿Qué es el perdón, sino un olvido incondicional?
¿Y estas condiciones al agarrar las manos más
      bellas del mundo
Este desplazamiento de las emociones, esta
      oportunidad?

**2.**
No me veo.  Soy como un vampiro.
Y a su amor, incompleto y quizás bueno, lo tengo
Atravesado, uniendo mis almas.

**3.**
Ay, papi, las cosas pasan y esto es parte.
Yo cada día me sorprendo más del absurdo.
Y mis emociones están embotadas con su paso
Por él.

Ay papá, precioso, sé que quieres seguir adelante.
Pero el plan es definitivo,
Vivimos siempre entre dos pisos y siempre
      engañados.

# Dice a Lourdes Vázquez

## I.

Que no iba a preocuparme por la incomprensión

Porque la incomprensión tiene dos lados pero

A mí, que  yo necesito por lo menos tres.

## II.

Que yo no represento a nadie por lo tanto

Me reservo el derecho de abrasión.

La candescencia tampoco parece hacerme bien.

## III.

Temía este día, con toda mi alma, pero llegó.

Sin embargo hubo cosas que quise

Que ni por error se me dieron.

# El libro claro a Esteban Valdés

O especie en extinción.

O monstruo dividual, posiblemente necesario,

Como el mundo vaporoso que se reactiva en su texto.

Prisión de su propiedad, pacto final y público contra

   *lo lindo.*

¿No era ésta la seriedad famosa?

Dicen que no, dicen que es la medianoche de un

Oficio en principio oportunista y megalófilo.

# Rap de la infelicidad profesional

a Néstor Otero

Detente, es mi ser primitivo.

Le doy cuerda, albergue, posibilidad, pues soy blandito

De corazón.

Es mi persona básica, profunda, inmediada.

Su risa, se supone,

Te sensacione. Se adelanta a tus ojos, si es que

Se atreven a, un poco, mirar.

Se la echo al celaje, se la echo a la rosa gigante,

Se la echo al filigranero, y al céfiro y al monte
        verdegris.


Este día me va a costar, más por tí que por otra cosa,
        lo sé.

Hombre, crudo de oficio, perdida la convicción.

¿Pacto con la muerte?  Hecho.

¿Preparación?  Muy dudada.


De mi página o tableta sale que

Soy el infeliz más feliz del mundo —

# Era o la poesía o yo a Obed Edom

Era o la poesía o yo.

Me había tirado, por error, los problemas de todo el

Mundo encima

Y él, mira a ver si lo agradecía.


Iba afligido por cosas concretas y usualmente

Bípedas

Y me había destrozado en el esfuerzo de
      amoldarme.

Y es que no podíamos estar bien todos a la vez.


Corrían años perfectos, de los que había que

Aprovecharse,

Seguían apareciendo las excusas y quien las
      antalogara

Y un trópico feroz se ensañaba

Contra cualquier amago de realismo

Por ínfimo.

# El desertor a Jorge Rodr}guez Beruff

Todo es detalle, variedad,

Multiplicidad, sino.

[Y política.]

Porque no  doy cuenta de esto puede que me eleve
      por encima de

Los suyos

Pero el aire mismo allá arriba enferma.

Tampoco puedo encaminarme a una integración
      inexistente

Y tengo una ansiedad insoportable que mina

Todo intento de [c]alma.

He desertado.

Mecanismos más oscuros que lamentables

Truenan a la distancia.

No veo ya el fulgor pero lo intuyo, lo creo, lo
    quisiera ver.

He cambiado tanto desde.

Tuve que ir bien lejos y bien hondo

Para hallar mi paso y luego

Cuanta razón hay para nunca volver a aquéllos.

# El menor de los teoremas a José Molinelli

No nos riamos de la gente con opinión.

La opinión, ella cree, la eleva.


Hay una meta común, que no se entiende y

Por lo mismo *no se puede comunicar*.

No obstante existe y alguien debiera poder.


No nos burlemos de esos sabios de la memoria,

El pensamiento creativo es infantil, dicen,

Y dicen cosas peores.


Tú dirás lo que tú quieras.

Y yo lo que yo.

Y ese es sólo el menor de los teoremas.

# Temas como ciudades a Manuel Alvarez Lezama

Odio los ídolos y la idolatría pero esto no se
      deduce de mi
Obra.
Igualo a guerra todo.
Veo este mundo desde ojos perdidos.
No soy el camino pero consumo al caminante.
Tal vez en un presente lejano
Las manchas que he desarrollado caigan, en
      posición, en el foco de
Un no-ídolo.
Entonces no estarán como ahora apaciguadas,
      llenas de dudas,
Sino eléctricas, totalmente seguras.
La posición se llamará Libertad y se erige
En medio o del Rechazo constante y de la Muerte.

La primera parte de mi vida fue un infierno.
Por eso miro de reojo al sabio,
Puede querer limitar mi campo.
Por eso mi alegría es la de alguien que sabe
      sobrevolar las heridas.

Estos son temas como ciudades
Y el sabio no los acepta necesariamente
Porque su espacio ha sido dedicado a otros ritmos-
      sentidos
Pero no a temas dictados por gente como la mía.

Me niego a las competencias asociativas.
Me niego a estar leyendo y leyendo cosas
Unibles, igual desunibles para luego despepitarlas.
Me niego a las competencias de memoria.

Y aun siendo o ella o yo [ver p.211],
Ves que se me brinda mientras mucho se dice que me
    elude.
Me niego al juicio de la mayoría, ya ves lo que ha
    hecho.

Tengo más compasión ahora pero no vivo en las
    pajas.
Gente me hace puente, cantando Pase Misín,
Me echan azúcar en el tanque y me deshielan.
Ahora, si la echo yo, me acusan de ser anti-Todo.
Concibo la coexistencia en estos términos.

Puedo escribir esto frente a un televisor.
Estoy excitado con el roble, su imagen me colma...
    pero puedo.
Estos negocios puros esposan mi tiempo a
    monstruos buenos.
Su obsesión, astucia y trampa, son pruebas de que la
Certeza se puede alojar en cualquier resquicio.
Aunque no tenga.

Estoy comparando la bondad de conceptos
Cuya existencia a menudo me cuestiono
Con una paranoia que me impide ser justo del Todo y
Una euforia que me impide del Todo ser malo.

Y he tenido suerte de estas noches blindadas
En que no he tenido que matar, ni preocuparme de no
        estar
Matando.
Y siento el efecto balsámico de ésto en un
        espíritu
Que en su juventud fue ofrendado a la guerra
Pero que hoy opera activado por SÍ mismo.
¿No es irónico?

Y mi corazón contesta: *Es peor, es indiferente.*

Vivo entre esclavos voluntarios e involuntarios
Pero siempre he vivido así, aun en Ciudad Gótica.
Es como lo asumo lo que lo hace llevable.

No puedo llorar aunque esas sean las ganas,
No puedo abundar pues practico el
Misterio.
¡Y no me puedo quejar!

Obviamente necesito consuelo
Pero querido[a], tú no me lo puedes dar.
Hay bandos en este juego que naaadie ha
          inventado.
Hay excusa para toda crueldad.
Y yo he vivido mi vida odiando la excusología.

Encima, nunca anochece en mi Odio.
Y no es que yo sueñe que sea así.

Estudié pintura y no soy pintor,
Pero de eso ni hablo,
Estudié literatura comparada y no soy comparador de
          literaturas.
De hecho, maldigo la escritura, inclusive la mía
Funda fraude y crea expectativa.
Sé que se acerca el día
Para esta noción.

# El orden perfecto de lo fatal

a Salvador Villanueva

El entorno se disuelve...

Ya está disuelto.

Sufre y su idea de sufrir me desarma.

Aun en pleno estreno

Esta forma de percibir opera malignamente.

Y la cura es muy contradictoria.

# Pasadía en el jardín de las listas

a Julio Marzán

Estaba el jardín del que brotaban completitas las listas.

Iba de oeste a este, en corriente transgresora.

Mientras corría su color cambiaba.

Astro de arena, hembra, senos pequeños pero cuantiosos.

Oseznos; del pavor huían juntos. No eran el firmamento.

Avestruces rebeldes, no iban a adornar lo que estaba hecho.

Su estupidez mesiánica tenía todo reducido a:

Los que le creían y *los otros.*

Estaba en el fondo de la poza

Su cuerpecito duro era recogido por empleados.


Estaba en el pabelloncito que queda a la izquierda.

La luz lo meaba.

Visos de rencor le nublaban la visión.

Todo era carros y despedidas y televisión.

Pupas de novelas que nunca se daban mas que en su elusión.

Pronto, acércate a su turba.

Siente cómo una violencia lleva a otra.

Están lloviznando hojitas.

Lejos de creer en mí, trata de creer en lo obvio :

Tenía una mano en su rostro, otra en su cadera.
Era la imagen de una diosa confundida por su capacidad
        de errar.
De la hilera superior brotaba la leche de sus pechos.
De abajo teorías políticas que suponían una bondad
        imposible.
De la fuente salía la infancia histórica del mundo
En versos marmóreos.

No sabe
Qué se pregunta.

Mantiene el juego básico simple, y quizás por eso,
Guía su mirada al yerbazal,
El sol le da caliente en la espalda
Está claro por lo menos el día
Y este jardín se le suma a la rareza del mundo.

# Roc y sexo

Era roc.

Lo bailaba como alguien que no ha sufrido.

Había hecho inventario de mis dolores temprano esa
         mañana.

Estaba con Eva, acariciándola para siempre.

Mi mente no progresa.


Era roc fuerte.

Nada podíamos y estábamos alegres.

Poco dolor es tanto.

Había conocido el pensamiento detrás de mis fines.

Y estabas tú, nena aún y Eva a mi lado perfecta.


Era roc estándar, en español.

No había duda.

La muerte era inempleable y

La felicidad un coche.

La luna era un puente para nuestras lascivias.

La tuya ingenua, y la mía, no tanto…

# Basta ya, por Dios a Joserramón Meléndes

Ultra lácteo.  Es la acera de una avenida de dolor.

      Miedo fuerte.

Insignificante por su desconexión.


De todas formas vamos en celicóptero

Por los huecos que dejan los suspiros de los yos aceptados

      enfrentados a un espectáculo rebelde.


Cociéndose en tu inteligencia, ¿no se es más posible?


Vencidos por completo.  Por la mañana, por obligación.

No es el sitio.

No es el país.  Somos nosotros.


No pretendamos ni por un momento más

Que es el país.  Porque somos nosotros.

# No estoy para cianosis a Edgardo Nieves Mieles

Ninguna es la estrella del mundo.

No empieza, no se necesita.


Esta mañana es la viña

Donde cuanta mujer hay oculta a mi madre.


Y el gran sexo es representado por

Una luna en forma de guadaña.


[¿Ya ves lo que digo?]


Odio las reinitas domésticas.

Odio el miedo éste vulgar, vano.


Cuando abriga enfría y

No estoy para su cianosis [aunque lo parezca].

# La estrella a Edwin Reyes

Proyecto del Gran Amor [inconcluso].

## 1. LOS RESTOS DE LA LITERATURA

Aturdido por lecturas poco ortodoxas

[Lecturas una a una de cosas escritas en rapto]

,Pero asombrado de verdad

,De los matorrales con forma de cabeza en sus calmas

,De la locura con forma de calma de sus rezos.


Oscuridades departibles

~~Que no conocerás separadas de amor~~

En la montaña donde no hay magia pero donde todo dice que
    habrá

~~El día en que se abre el perro,~~

Traen todas un dios en su interior.


Siente lo primo operar.

Se complica una alegría, se mejora, se nota.


Estamos quizás ante el momento clave donde nuestras

aspiraciones y terrores chocan y se convierten unas en otros.

## 2.

¡O! famosos ruidos del horror que al [la]

sabio[a] así perforan.

¿Será el ideal en su forma perniciosa o

sus rayos solamente, que retan los tipos

normales de sagacidad?

¡O! suertes de amor, posiblemente ideales

posiblemente estatales.

Tanto delirio desborda la copa.

Pero aunque el delirio solo daña lo que ya

estaba por desaparecer

No hay necedad en protegerse.

# Adivinanzas a Max Resto

Estamos destacados en el interior - interior.

Profesamos una filosofía predicada en un neutral oportunismo

¿Quiénes somos?

[Los mismos]

Un gorrioncito muy cerrado publica un tratado sobre cómo ser

Una anguila. Los testigos titubean, el jurado

Se vende.  ¿Qué día es hoy?

[De la independencia]

Nada reprime, nada oculta

Cuando canta el alma de la ciudad abre sus fauces

y se lo traga.  ¿Qué oficio tiene?

[El de ángel]

# Espina dura a Rafael Trelles

No estuve cuando se impartieron las órdenes

[Y si hubiera estado todavía me hubiera insubordinado].

Espero la paz americana en un nido de cardos.

No objeto, no sujeto.

Mis estudios han errado por el mundo del espectáculo

Sin mencionar ni una imagen de boga, excepto esta de mí

en este pozo pleno imaginario.

———

Al final todo será imaginario.

———

No podré cerrarme a este ídolo.

Acampa en mi soledad, más sólo que yo.

Y cuando escribo entra en el trance que te lo lleva.

Te lo lleva del regazo donde lo había puesto mi

Variedad de ensueño.

———

Estás advertido: de cualquier espejo puede

salir una espina dura.

# La faja fantástica a Juan Duchesne Winter

—Quiero una faja fantástica para cruzar desiertos— dijo mi hijo.

—Hoy es imposible.— le respondí pero le prometí una.


—Soy afortunado,— me dije, —en poder brindarle al hijo, el hombre.—

Y así eventualmente me dirigí a tu casa.

Llegué tranquilo, expectante, deseoso.

Inmediatamente te encontré te ataqué.

Con mi daga corté, gritando, los cordones que cerraban la faja alrededor de  tu cintura.

Hubo bastante sangre.


—¡Qué mucho tardaste, papá! — Me dijo mi hijo cuando se la di.

Pero echándola a un lado añadió,

—Ya el desierto no me atrae, quiero quedarme aquí con mami y contigo tranquilo.—


He cruzado y vuelto del desierto muchas veces desde entonces.

Y no me arrepiento. No iba a dejar que se perdiera el esfuerzo.

Siempre lo digo —Pudo haberla aprovechado él pero ya que no...—

# 3 ejemplos a Mayra Santos Febres

▲

Era un ejemplo.

Era un deseo.

Era medicinal para su casa, era la perfección incarna.

Era el sueño en apogeo.  Salía del rayo y alumbraba su

Tarde temprana.

Tendría tiempo, eso parecía obvio,

Iría a la guerra, cómodo.

Era un deseo, y el mundo era lo más ambiguo posible.

De su nulidad proyectaban optimismo como pareja,

La isla y el viento.

¡O calidez y fricción de lo suave contra lo áspero!

¡O puente de palo y toro de gana!

[Así nuestras historias concuerdan.]

△▽

Tenía que haber cláusulas de la lucha.
[Dentro de la misma línea de pensamiento]. Tenía que haber

Fes que correspondieran una a una con cada terror édito.

Tenían que formarse en algún sitio [y a alguna hora]

los espectros que poblaban el alma colectiva [de haber

tal cosa] y tenían que tener, además, sus cláusulas de
otredad.

La famosa logocracia, la famosa epifanía, las dos

son falsas pero tiene que

haber más de una esperanza que lo oculte,

zonas frondosas donde un centauro pueda hacer sus

ruidos en paz, almar su niñez en las horas pequeñas

para que en las horas grandes pueda pensar un que otro

sueño de cerro, [dentro de la misma línea

de pensamiento: el [la] sin amo visto[a] desde un principio.]

optimismos con garras, visiones de visitantes

de los propios adentros.

▲▼▲

Serían brillantes.

Aunque por momentos solo existieran su necesidad

Junto a su aburrimiento.

Estarían probando una confusa ley de abatibilidad,

Ciegos y sin principio matérico. Y nadie chistaría.


Mientras aprendieran

Serían buenos y en el mundo no hay nada como ser [estar?]
    buenos.


Si el original del miedo ya les obedece,

Si la brutalidad general es un átomo de la de ellos

[Siendo buenos] no sería listo descubrirse sino hasta
    después de la victoria.


Y si es que hay victoria,

Si es que hay *ellos*,

Si es que hay algo más que su memoria

Y su aburrimiento profundísimo;

Sus soledades presentes serían tácticas y entonces,

Con razón se les consideraría brillantes

En un mundo que es una movida oscura detrás de otra.

# Los muchachos del año a Noel Luna

Somos los muchachos del año. Es el tiempo

De abrirnos camino con nuestras llamas.

Reinan unos proyectos disímiles y líquidos

Aunque el esmalte de los que sienten que no han sido libertos

Opaca los posibles finales

Por ser los hijos pródigos de su costumbrismo y de la
        nostalgia por nada;

Este páramo nos acomoda.


Somos los cínicos del futuro, la malta que nos cría

Es la garantía de que funciona,

Podemos ver bien lejos pero no ser tan bajos.

Prometemos lo que queremos para nosotros, no
        menos no más.

Somos la causa del cisma [por nuestras asociaciones].

La unidad posible nos provoca.

Somos bien  malcriados.  Vemos la vaqueta sutil
   y no la podemos dejar pasar.

La insurrección compone muchas de nuestras
   sinfonías.

Permitió que entraran tus lágrimas.

[Pero no impidió que creer en la inocencia nos
   costara.]


...Ya no reconocemos la inocencia.  *Creímos* pero
   ya no se la podemos aceptar a nadie.

Nos corresponde el siglo con una dulzura sigilosa,

corriente, porque aparentemente es el momento.

Terminamos en un cuerpo no-hostosiano, sin igual
    descrito.


Estamos capacitados [por las etapas anteriores] a
    salir del hoyo.

Todo nos sale bien porque encontramos fuente

En nuestro epicentro.

Pulseamos con Dios y ya nuestros brazos nunca
    serán los mismos.

Somos inventores honestos, la violencia del
    mundo lo más que

puede hacer es iluminarnos el rastro para no pisar
    la sangre—

Somos locos *por formación*, no se nos presentan
congénitas todas las sinrazones que se
necesitan.

La mar de nuestras conversaciones se convierte

en asaltos al buen gusto, en rastros de
violaciones nunca acabadas de

borrar del Todo. Nuestra mente las atesora en
vez de negarles sitio.

Pisamos la paloma, confundimos la historia,
logramos encolerizar al santo,

Desenmascaramos a nuestras madres si se nos
paran

Enfrente. Apenas somos el germen y ya nos
quieren eliminar

Del vecindario.

Los estamos viendo con los ojos vírgenes.

Nos cojen limpiando la sangre del piso
con una camiseta,

Esperan que rompamos el hechizo,

Pero el hechizo es irrompible, lo más que
podemos hacer es

Negarlo.

Es difícil pensar en nosotros sin miedo a
caer presas

De la poesía

Que nuestras noches sofoca.

# Reflexiones sueltas a José Escoda

Si dijera que todo estaba sucio mentiría.

Era muy religioso para la edad,

Todo estaba entre limpio y sucio.


Si admitiera miedo sería demasiado honrado.

Todos aborrecen al honrado.

Aun cuando todo es miedo.


Qué protecciones:

Rango, efectivo,

ilusión. Qué protecciones.


Si dijera algo de América tendría que exagerar.

Es de América que no podría aventurar.

Y aunque me tienta, me niega.

# La volición a Pedro López Adorno

Arístoclo entonces le preguntó al Maestro, interrumpiéndolo,

—¿Maestro, no entiendo, cree en el exceso o en la moderación?—

—Toda magnificencia es exceso, toda mística, toda esplendidez.

Lo modesto es una puerta, lo excesivo otra.

La magnificencia de la creación es la apariencia en ella de lo insoluble.

¿Cuándo vemos el valor, sino cuando está en los extremos?

Crea el bardo sandeces, buscan los muchachos ser felices.

¿No es impráctico, Arístoclo, no seguir la corriente?—

A lo que Arístoclo respondió —¿Es esa su respuesta, Maestro?,

¿Debo entender que el exceso es su método favorito?—

—Debes entender lo que debes entender.

El refrán que aplica es: "No hay puertas de más."—

Y Arístoclo respondió riendo, —Ave María, siempre relajando.—

Oczeno, que seguía atento los razonamientos dijo,

—No relaja. Nunca relaja.—

# El poeta a Rubén Ríos Avila

El poeta es como un coquí que se queda
    encerrado en un carro
Un fin de semana largo.

Y tú preguntas cuándo exactamente pierde el
    alma.

El poeta es como uno que despacha lechón
    asado en una reserva
Del interior.

Y tú no te le acercas por miedo a que se te
    pegue el olor.

El poeta es
Un fantasma colado en tu mundo raro.

Y tú lo acusas de sus rasgos,
Como si él pudiera hacer algo...

# A Dimitri

Días con el primito encendidos de risa.

Películas de anarquía y busca oral de las entrañas.

Eran el premio de ser bueno.


¡Cómo es el miedo a la vida ¿aj?!

¡Cómo es la bromelia en su llama!

¡Cómo el silencio obsequia al niño en transición!


Y aquellos ancianos dentro de mi corazón para el
    primito.

Y aquellas bajuras familiares que nos salían.

Y aquellas alturas extrañas.


Días y noches mezclados en la memoria en alza.

Juventud cruda considerada como gema.

¡O días felices de mi edad media, cuando Eva
    reinaba!

# Términos razonables a Eddie Schiaffino

Sudaba copiosamente y llovía.
Algo que no tenía los atributos ya definidos
Se podía revelar o se podía esconder, lo que no se
      podía era evadir.

Era hijo de canciones nihilistas.  Uno más que
Lo que odiaba era el engaño y no porque él no fuera
      parte dél,
Era un complicador sin cura.

Estaba entre las 10 familias intentando algo que no
      era bien visto.
Y creía en ver bien antes de juzgar o encumbrar o
      corromper.
Aun así llevaba un cuaderno dedicado a su corrupción,
      general y particular.

Era como sudor, parte de la ciudad del mundo.
Llevando todo a términos de casa.

# El cantinero a Claudia Robiou

### del CUADERNO DE ASISTENCIA PÚBLICA

**1.**
Aun estando todas las luces prendidas puede que no haya
      nadie.

**2.**
Valgan por todos esos días de sufrimiento que
      pasaré
estos días de fábula.

**3.**
Como mantenedor del hielo y del mostrador limpio
sé cosas del frío y el brillo que otros sólo imaginan.

Creo como tú que nada puede dañar al día en sí
que no seamos nosotros con desánimos.

Venzo una inclinación que veo clara pero no
      comparto.
En mí hay un solo gran deseo.

**4.**
Vean cómo un hombre que nunca ha sabido
      conduciros
Se presta.

# Eva Díos

**1.**

Como esas mujeres que han sido muy muy bellas en su
  juventud

Que caminan muy erguidas hasta edad avanzada

Aunque parezcan granadas, aunque parezcan barcos.

Aunque parezcan lupas, van orgullosas, mirando un mundo
  que se apaga,

Que aunque se apaga para todos, piensan que para ellas se
  apaga más.

Y como una ciudad que te visita en sueños que se unta al
  día,

Como un libro que salta de las manos de un[a] lector[a]
  almidiestro[a], que vive oculto[a] en

El personaje de otro libro y para no desentonar se hace el
  [la] feliz.

Como un trino, de agua caliza, piso de hielo y cielo
  metálico.

Así es mi amor por tí, Eva, que dentro de la guerra se
  mantiene de inmacular,

Como un servicio que aparentemente se presta, cuando en
  realidad se da.

**2.**

¿Qué joven no es bello?

La belleza continúa en los deseosos pero la verdad
  atempera el paisaje con lo feo y lo ajustado

Y un día se ve el cielo aplastante y a la humanidad
  alunada

Y a los límites del yerro se le suman los límites de lo
  deseado

Y el sexo del viento hace sus porquerías en cada poro

Y lo bello cabecea como una semana perdida en una
  ciudad estada.

O pre-estada.

Y el hombre se recuesta sobre el vientre de la mujer y le
  besa la pipita y la base de los pechos

Y la luna y el viento y el árbol y la casa prendida

Son el vientre y el labio y no hay diferencias entre los
  deseados

Porque *esa* es *la* vez y todo lo otro es trampa o ambigua
  suerte.

**3.**

Como esos hombres que tienen que ser derrotados en unas
        palestras de carne,

Que revocadas sus bestias auscultan un horizonte más
        amable que Nunca

Que abatidas sus formas priman sobre unos mundos
        verdaderamente inofensivos

Donde no falta clarividencia, ni lema para todo que no sea
        primero un espionaje

En una realidad virtual

Como el hincamiento es virtual y uno puede ser virtual.

Como esas niñas que corren riendo para que no las vean

Desnudas por

Las salas del alma

O los espacios perfectos del campo gestacional cuando
        son vistos

Desde el proscenio:

De lirio, de rosa.

Esperando un regalo que nunca llega a regalo.

El cero menos la perfección.

Como esos días de la derrota, abarrotados de esa risa
        fanática.

**4.**

Tú me has enseñado.

Antes mi insignia era fuerte pero como que le faltaba.

Rodé por superficies super lisas que luego resultaron ser

Las Prohibiciones famosas.

Todo podía ser reproductor, conciencia e inconciencia
      incluidas.

Nuestra amistad culminó un ciclo de estudio

En bandas de aire.

Salía de un gran odio que contaminaba cuando abría sus
      valvas hasta

La majestad divina y que conocía las conveniencias todas
      del mundo moderno.

Cómo la religión del odio es la religión del deseo.

Cómo el árbol de faltar es el árbol de estar,

Nada puede ser una tragedia total

O sea puede, pero ¿por qué? ¿para qué?

**5.**

Eva, cree esto, por tí lamento no ser aún más sentimental.

# Es tan dulce el cantar del coquí

a Diego Deni

**1.**

Es cómico y triste a la vez que a lo último

Volvamos al coquí, máxime como imagen.

No todo es campo libre.

Se siente negártelo.

**2.**

Coquíes urbanos son, en sus cúbicos pie y medio

> terreros

Cantando sin que nada les responda, excepto distante,

La otra voz que es una voz a favor de la de ellos.

**3.**

Ay maldita duplicidad de propósito.

¿Qué es [según esta teoría] el coquí, sino eso: salud

De una o más almas que cantan?

# Un mismo pánico <small>a Roberto Net Carlo</small>

Ni siquiera estábamos siguiendo la guerra.
No éramos tan castrocéntricos como creíamos.
Además preferíamos verlo todo antes que como
    historia, como reportaje.

Ahora yo les hago lo que ellos me hacían
lo único que para siempre.
Corriendo bicicleta en su Morro, a ver si les gusta.

Recurrí a que todo fuera esta abstracción,
que llevada a sus consecuencias ilógicas podría
hasta ser punible,
este quita y pon que sospecha de la motivación de
todas las colecciones.
Umbra que umbra, salta al vacío pero tienen que
salir tarde o temprano
estos dulces del componente dolor. Estos puentes
tirados a ojo.

En venganza por el gran amor y el gran desengaño
de uno o dos.
No del espejo ascendente, ni del que se repite.
Enfrascado en un nuevo tipo de alveolo.
Criado por Dios en su amasijo, a través de su hijo, el
infirme.
Añoraba también esos momentos estables con
mañana
que se me aparecían sin invitación en medio de días
atonales.
Oscuramente me entraba esta cosa delectable.

¿Cómo la conocía? también era un misterio.

Me había hecho mucho daño, es cierto, pero ya no me
      quejaba.

Esa en particular podía ser más excéntrica que otras

pero todas eran diferentes respuestas a un mismo
      pánico.

# Literatura de mis emociones a Rafael Acevedo

Que Dios me perdone pero si hacer
      literatura de mis emociones
Evidencia un deseo de algo,
Creer hacer las del conjunto prueban que
      el pánico es total.

Como la luz del astro, emanan,
Como la hierba en el prado, brotan.

De un plumazo las trato de probar
Pero dan, hasta de negarle sus gustos.

Y con todo y eso rinden su labor de
      reconocimiento
: De alucinaciones conjuntas,
De ascepciones y decepciones,
[No sólo de lineamientos.]

Y aceptar ésto  es aceptar
Experimentar desde el revuelo
Que el golpe de lo E]x[terno nos causa,

Que es contundente y mortálico,
Que es lo que imito
: El molde de su letra.

# Sin título a Egberto Almenas Rosa

Ya estamos lo suficiente grandecitos para saber que no nos
      vamos
a morir si no nos queremos.
Y hemos explorado el lado voluntarioso del amor para
      agradecerle al otro
el esfuerzo [y el sentido]

Siguiendo el método pavoroso de analizar nuestras
      motivaciones
hemos hallado el risco insalvable de los secretos
y hemos optado por decir que hemos optado

Los niños horribles que habíamos estado a punto de ser
Se habían azucarado, por la misma ignorancia
      ser hasta el final.
Como eunucos nos frotábamos los canales dormidos
      e / o invisibles
Y nos asombrábamos de una nostalgia inexistente.

Bastábamos y éramos libres a una [o dos] manera[s].
Nuestro optimismo había construido su catedral en el Monte
      Dolorífico
Y encima nuestras familias flotaban, sagradas, y eso,
esa supuesta sombra de nosotros mismos, era pavorosa con
      ganas.

# Teograma a Teo

Considera al testigo.
Contento en un sueño en el que se alimentaba con
piedras.

Veía sus caídas como una
sucesión que al final lo repatriaba.

Considera cómo se veía desde adentro.
Aunque pasaba por la misma trituradora podía a la vez
negarlo y quererlo.
No era lo más feliz del mundo, por negar y por querer.

Iba sólo y la dirección de su hoja era secreta.
Considera el clima en su mata.

Hasta el tedio se vuelve un principio si depende de la
sintonía.
Y las lacras pasan como evangelios si te toca vivir de ellas.

Lo malo de no tener explicación es cuando se sienten
urgencias de
Textificar.

Hunde el dedo aquí.
¿Ves que no miente cuando se canta herido?

# El poeta equivocado a Oscar Hahn

**1.** La primera vez que yo recité un poema en
   público
fue en 1958 en el Colegio Central en Caparra
   Terrace.

Era *La Canción del Pirata* de Espronceda.
No la recuerdo ya.

Recuerdo sólo el patio Central del Colegio,
los estudiantes alrededor,

El disfraz rojo de corsario que llevaba un niño
   mío
Y a una loquita que

Hizo de Hitler.
Era Caparra Terrace en 1958, no  nos
   equivoquemos.

## 2. 1967 :: El Tonto en la Colina

La primera vez que leí un poema mío en público
    fue en el segundo año de jai.
En la clase de inglés de Luis González Argueso.
En ese momento se decidió mi futuro en la poesía.
González me miró con aquella admiración, su
    mirada se tornó cálida y profunda y luego
    me lo publicó en mimeógrafo junto a otros y
    se lo repartió a la clase.
Era un poema sobre la Duda
Donde copiaba imágenes de mis discos favoritos y
    hacía un dibujo
Con otro instrumento, un interno instrumento de
    insidia que luego
Se volvió mi enemigo y luego me sacó por los
    hombros de las
Sensaciones vanas o mejor dicho, me reinterpretó
    las sensaciones vanas
Por lo que desde entonces me dediqué a probar
    mi inmunidad
Y mi inmunidad era como haberme deshecho.
Yo era muy malcriado.
Era 1967.
Brother Boyle [Bolillo] era el Principal Interino.
Yo estaba en una etapa en que quería hacerlo todo
    al revés.

Al otro día de publicado, y de sorpresa, Bolillo
    interrumpió la clase para preguntar quién
    había escrito mi poema.
[Ya Brother Onidas antes me había acusado de no
    **haber podido** escribir un cuento [*La Luz
    Ansiada*] que le presenté y por eso me había
    regañado y humillado en privado.]
Cuando Bolillo supo que había sido yo me pidió que
    se lo explicara a la clase.
Fue la primera vez que Manuel Alvarez se mostró
    solidario conmigo, no la última.
Me decía: —Tú no tienes que explicarle nada.—
Las cortinas amarillas cubrían el salón,
Había crucifijo sobre la pizarra, y Míster Rutel con
    las manos enfrente
Como si orara, me miraba fijamente y se balanceaba
    en sus talones.

Como no le contesté me dijo,
—Esta es una cuestión totalmente inaceptable en
    una escuela católica.—
 y salió echando humo del salón de los
    estupefactos.

En tercer año Bolillo me botó, uno : por haber violado la
    prohibición de fumar
Dos, por salir fuera de los predios a almorzar, y
Tres por cortar Educación Física seiscientas
    veces sin excusa.
Era como mi tercer rechazo institucional.
Por suerte había sido aceptado en la Universidad
    pero ya era considerado un
Inadaptado, especialmente por mí.

### 3. Asalto al Ateneo

En 1971 yo ni sabía lo que era el Ateneo.
Nada era mi Alicia.
Leíte con ella en la Placita Antonia Martínez.
Pintéte mis poemas en el piso.
Dictéte mis cartas de hastío y novación,
Frotéte contra mis pechos hasta sacar sangre,
Ni de quién era, yo estaba seguro
ni estaba listo para lo que venía.
Me tuve que ir acostumbrando a querer vivir la
      vida como
Un poema de apogeo, es decir, sin principio de
      dolor.

**4.** Soy Géminis con ascendente en Escorpio.
Podré huir, pero mi mente no.  Tanto tiempo
    eran tan
Indistinguibles Ficciones, Fingimientos,
    Incidencias.
Tan pródiga es la deseabilidad,
Tan escueta la postre.
Soy un ex neoyorkino en una ciudad más
    pequeña, más
Entraña.
Ves mis lecturas iniciales, mis tanteos con el
Totalitarismo.

Simultáneamente reflejo y masa del Sueño.
Mezcla de estrella y pecesito.
Con una habilidad de caer en el mierdero
Y una convicción de la encimidad
Y un axioma primo: nada es NADA.

**5.** Años después en Babilonia
Piri Thomas me tuvo que defender en una lectura
Porque le leí en español a una audiencia de izquierdosos
   anglólolos.
Leyeron Baraka y Sandra María Esteves
Y Papoleto Meléndez y Eddie Figueroa. Había
   como mil quinientas
Personas en silencio. Nadie <u>pero Nadie</u> aplaudió,
Excepto por Piri, enemigo de Nadie.

Siempre he tenido amigos que me han querido
Sin entenderme.
Hago la escena en que el héroe piensa que no está
Actuando con suficiente fuerza.
Me amarro a una idea de paridad
Que se sostiene de lo que sale.

**6.** De vaca en la ínsula Barataria, entre cucubanos
Niego el propósito al defenderlo.
Lo veo amenazado por la mismidad,
Y por los restos de un amor mal dirigido.

Así hice los Cuatro Poetas Sin Noche.
Leí con un "Agente de la CIA" que era bastante
      buen poeta,
Con un hijo de abogados que se creía Joyce en
      París,
Con un descendiente directo de Pepe Lezama.
Noche pública.
Fui testigo de todos los odios por mi inclinación y
      mi
Manejo de una óptica, obviamente, y con razón,
      prohibida.
Mis espejos son toros, listos desde su concepción
A destilar Vacío,
Y sin embargo esa noche en Casa Blanca
La tomó el Supuesto Agente, pues la necesitó.

**7.** Lo que sea no está en la superficie.

Tengo que haber leído en otros lugares.
Porque hay una vaga ausencia.

Sistemáticamente paso mi corazón de
una mano a otra.
Lo froto contra la cerca de hibiscos y el
piso y los carros.
Estimo en trescientas mil las veces que
he visto lo mismo.

Negación.
La buena se roba el espectáculo.

**8.** Errores de gratitud
Después vino la fase de Partido.
Le leí a Casa de las Américas mis poemas militantes
Estaba enamorado de mi descubrimiento
Rondaba los espacios de un futuro eterno que todas las
    noches
Obliteraba,
Esculpía unos lemas incomprensibles que valían por
    mil,
En medio del miedo al cerco leí los supuestos de otro
    que
Me ocupa desde que recuerdo.
Sabía por lo menos cómo quería mis veladas
    americanas.
Le leía al que quisiera,
Y cuando venía de vacaciones
Al país, leía en Río Piedras, en
Casas de particulares, en Los Años Locos.

**9.** Cuidado que en Nueva York se lee.

La Gente va a oir a otra gente leer.

En Nueva York hay que saber leer

Y saber escuchar.

Leer para que el túnel se actualice

Y el corazón de la mente entre en contacto con los de las
      de los

Otros.

Final por presencia de espectros,

Comunión de insaciables,

En recitales gratuitos para tribus

Ni hostiles ni aliadas,

Ejercicios del guerrero que poco a poco va
      viendo sus

Equivocaciones.

**10.** Habrá quien dirá "leyó para mí
Prístinos paseos, elásticos,
su aporte, el del mudo,
Sus ojos, tres esmeraldas rojas, su pecho
Bastante ardiente, sus dedos salamandras
Por las cuerdas de la tarde.
Manejando escenas de odio con una maestría
          venida de
Todo lo contrario,
Opuesto a la fortuna,
*Impuesto* a arbitrar
*Diurno*, de padre y madre
O puesto al descubierto
En calles demasiado angostas para el hombre
Que se defendía."
Habrá quien los cree.

**11.** ¿Por qué gravitaríamos al dolor?
¿En qué cabeza cabría convertirse al dolor?
¿O debíamos procurar elevar el dolor a
 aspiración?

Vivíamos estas incógnitas en mundos
 disparatados que se sucedían
Uno a otro como los minutos a los minutos.
Muy frágiles en el tiempo, teníamos viento en
 proa entonces.

A las lecturas informales de las formales las
 distingue
El tipo de lesión que uno invoque.

En mi tiempo la poesía aún era sagrada.
De una manera diferente pero igual.

En mi juventud fui lo más lejos que pude
Moviéndome lo menos que pude.

Vivía una versión literaria y una versión íntima
A mí, por lo menos, eso me afectaba.

**12.** Memorable como pegador
Leí en la Biblioteca Nacional de Santo Domingo en 1978.
Fui rechazado todo el tiempo porque esperaban a Iván
        Silén
Y, lo admito, también por lo malo que leí.
Este es un buen momento para introducir mi temor a las
Trampas y celadas.
De Puerto Rico estábamos Jaime Ruiz Escobar,
Angel Luis Méndez, Vicente Rodríguez Nietszche,
Víctor Fragoso y Etnairis Rivera. Les pueden preguntar.

Hubo tres incidentes cardenales, los tres violentos
Los tres para siempre culpables a la poesía.
Y a toda la idea para siempre horrenda de esperar
La expulsión.

Aun así le pegué al poeta equivocado.

# Los poetas coherentes <small>a Margarita Mergal</small>

**1.**

Envidio los poetas coherentes.

No puedo ser coherente.

Cuando trato de ordenar el mundo solo puedo bolsillos.

Estos bolsillos no son universales

Y su orden es una casualidad que me tocó y ni siquiera por

Mérito.

Quizás no haya tanto dolor

Y se capta sólo el que yo quise

Y esta máscara de ciudad es nada más que <u>la que aparece</u>.

Les envidio sus derivamientos,

Cómo se encadenan sus cláusulas hasta reportar

Este mundo político sin frenesí,

Independiente del Tono,

Independiente de las ganas de la prensa.

Este atajo me acuerda cuando papi nos traía a Sears

Y lustra

las causas de mi envidia y los problemas

Que enfrenta el que necesita los órdenes clásicos.

Me enemista con el tipo de Procedimiento y con la

Tipa en Ascuas.

A mí me gusta perder el control.

**2.**

Saber que no hay orden nada.

Saber que si aún es temprano, ya es tarde.

Y que derecha, centro o izquierda, el baño limpio es el de
Las mujeres.

Hay que ver qué odio es que se espera de uno
Que comprenda.

Parece que la paz es siempre provisional mientras que la
Guerra es siempre eterna.

La fuerza del sufrimiento ennoblece el fundo ante los ojos
Activos, aun sin éste saberlo.

Oscuramente. No todos tenemos que saber cómo cambiar.

Es sencillo manejar dualidades.

Es sencillo, es natural y por lo tanto, ¿es deseable?

Yo lo que sé es que

Por ese momento

Prismático del alma sólo hay dos colores que valen la pena.

El oscuro es donde se empoza el antiguo baluarte y un
Destino inmenta$^{lliza[}$ble,

Mientras que el claro [y ésta es la rosa plurisexual de
la $^{[mi?]}$ poesía], abarca todas las zonas de imposibilidad
Vedadas a los que le toca vigilar.

Vela así:

Al que le tocaba vigilar y ser, por lo tanto, inteligible, se le
Metió memoria entre el cuero y la carne y lo otro.

No lo otro que se posesionó de ellos, no lo otro que
Se expresa sin fin, no : <u>lo otro como fin</u>.

Hay que hacer unas tareas y se hacen sin gloria.

Se siente como *El Tallo*, en un diagrama de la Planta, para
infantes.

### 3.

El deseo rostizado, la jira terminando en tragedia la
Guerra estirándose y la conciencia
Un error que había sido llevado a la prensa.
Como un leotardo de spandex debajo de su piel,
Quemando las áreas donde la mentira concentra sus
fuerzas,
Destaca la mayoría de sus expresiones por la presencia
Del abismo, no la del punto de vista.
El apego demostrado se vuelve otro enemigo.
Las respuestas tienen que ser descar]t[adas.
Esta es la guerra entre lo visto y lo dicho.
Hay el siguiente terror al ritmo:
No se puede subjetivar lo que no se es
Por lo mismo que existe la ascensión de lo que se es.

### 4.

Envidio tantas cualidades en los poetas coherentes.
Pero la más que envidio es la correspondencia.
Formo usualmente un lío que repara lo que el corazón
Haya aguantado del día.
Voy de día a día, la semana tiene el sentido que le
Quita el factor, el factor se define de una de varias
Maneras y esta variedad es la despensa del Mundo
Entendido como la casa de Un Alma.
Y envidio el aplomo con el que limpian su idea Dél,
Y lo montan a uno en sus barcos.
Arriba, el ocio
Mientras abajo, el horror. Hay un antifaz y
Un orden para cada ausencia y hay por lo menos
Un trillón de ausencias.

**5.**
Surgen de mucho desear unificar el campo.
Hay quien no puede aguantar toda la vida
Discrepar sobre qué es Lo Bueno en abstracto.
Yo tengo esta idea persistente de lo social que no veo
Que tenga que transformar
Y por otro lado tengo mi corazón de
Asaltante.
Y encima envidio esos poetas.

Tanta inteligibilidad me prende.

Los leo y enfermo.
Oigo sus canciones y me da algo.
Los oigo comentar sus lecturas y teorías de composición y
Sufro cambios.
¿No quería perder la conciencia?
Sin esas claves trans[t]ex[t]uales
Víctima fácil de cualquiera en Forma,
Viéndome en la cámara que compré
Con los primeros meses de este año que nunca pasó,
La onírica posibilidad de acercarme a ti por el español
Coartada por falta de deseo de última instancia,
Hago mis reportes
De lo vivido en esta paz bruta,

Loco de envidia a mi edad.

# Experimento furtivo a Anna Georas Santos

Viento de miedo se encarga de nosotros.

Ahora definiéndose entre lo violento posible, el viento y su

haz de menta, y tú en oposición

Como un lamento grabado en la lenta masturbación de una

experta, en la espectaculante

Nocionada, gorda de fantasía, única, armada, jodedora

incendiaria e imperdonable.


Cuentan que se hacía la mental para encender sus miedos

por debajo, como un cigarrillo de

Ser, como un deseo de salto al salobre salvamento de

alguien que intuye,

De alguien que en lo más recóndito oprime un animal que en

afelio gozaría de más licencia.

Huía del grano y se enlistaba. Casi no podía con su alma y

se enlistaba.

¿Cuántas ofertas no se rechazan para luego descubrir que

ya se habían enlistado?

El rostro de Ella con sus narcóticos o industrias.

Ramificaciones [clonos] de sus esperas o formas.

Loqueras que no se hacen más que cuatro veces a lo Sumo.

Respuestas a tu pregunta

Asumiendo que tú has acomodado tantos créditos per kata

o son tantos créditos los rastreables;

O será que el rostro que en la penumbra me sonríe es la

respuesta a una mía!


Vómito del Archimensajero en el dorso de mi mano, tibio

olor, esmalte de entraña para un

Cuadro excepcional de algo tan lezamiano, crisálida de un

experimento sin consuelo,

Bajón de azúcar de un espíritu apiario, así como el rostro,

visitado por la mente del viento y

La ira del viento y la carga del vendaval, aun sobre la

piedra.

Burda frontera entre lo inaudito y lo indispensable,

Como la navegación y la investigación social,

Como el bombardeo quirúrgico y la procreación.

Todo lo que conlleva perdón, humedad.

Un conservador sentido por un transformado, un

transformado lamiendo una faz panal

Su mente un risco terciario, un alero, un unos, una forma

tan plástica.


Los ojos dos cascos para un batallón dedicado a Filadelfia,

de una ingenuidad avasalladora

Con una capacidad enorme para representar unos labios

sonrientes con irises o una mangosta arrollada.

Por su nariz oxigena su alma, la oxigena y permite coronar

Con palabras y sin hormas de boca.


No hay remedio que no tenga prohibición escrito por algún

lado.

Se supone que haya viento para excitar lo que fue calma y

que haya mentira para que haya verdad

Para que el rostro de ésta tenga vigencia en una

ensayística que no se siente.

No está ensañada contra más cosas por no haber tanto

volumen en el mundo.


Obligaciones y más obligaciones y el eco de una tortura

universal, abominable y específica

Y el eco de una personal en la grupa de la posibilidad se

encargan de todo.

# Alas de onanista a José Mármol

Adora su espacio aéreo porque él ha sido fundador.
Cual la confusión propia de volar más a uno que a otro.
Adora el pensamiento
Que jamasiza tanto injamasizable y así hace posible
La aceptación de su énfasis,
El encare con las nuevas costumbres,
El enemigo hecho por fin hombre.

No segunda persona plural
Sino él, botando espuma,
Da lengua a unas emociones que empiezan a recién prosperar.
Exhaustas en las colinas, en la espesura verde de las colinas.
La indicación siguiente cubierta de material de vida
Beso y fuga atados al comienzo de una última fase.

Da entrenamiento a unas fuerzas republicanas que
Sin él ni siquiera se podían identificar entre sí
Y que abolen la sujeción con la fuerza pura de su despasión.

Sin él no se sabrá nunca qué es lo justo y qué lo dispensable,
Pero por más que se avisa la guerra, muere gente.

# Alas de onanista 2 a Pepe Liboy

Y con Esa Potencia se hicieron al maro.
Estuvieron así de no cometer crimen.
La explanada se les hacía infinita, procaz, sólida,
Negro beso al jentro, luchas de unas clases esperanzadas
Contra otras con todas las esperanzas echás por la borda.

Concibieron la costa, hicieron un plano fidedigno de algo que
No acaba de salírseles
De la mente,
Las partes muertas las oscurecieron con sus deseos de un
Internarse en alguna sustancia verdurable.

Y casualmente se pasaron los dedos por la frente.

Iban alante.
Respondíanle a nadie que no fuera presidente y a esos, mal.
Eran presa de bondades inexplicables, impredecibles
Que era impráctico renunciar y virar y destacar y más, ocultar,
Que eran dilemas a nivel del dosel,
Observatorios de mar, eclipses de sentimientos
Que en la orilla se vuelven a humedecer y que con el tiempo
Prenden en esta única violencia.

# Esta línea a Luz Ivonne Ochart

Esa línea que olvidé mezcla de pregunta y respuesta.

Ánula en navegación, a medio cuerpo del caño mentado,

Arribando a un terminal donde se exagera el desorden

Interno de cada cual

Y la muerte en los ojos de las estructuras que dan al

Distrito Bancario. Esa ubicuidad del mayor [en actitud],

Prestado por el moméntum de una concepción paralela de

Cielo.


La rana.

La que se asoma al bosque orinable

Con ojos brotados, en el junco, en la pared del monte, que
       puede

Ser el corazón del monte y con el mismo derecho, la faz
       izquierda del

Monte.

Y la línea, doblada hasta el ñame,

En el ajoro de haber visto el espectro de su promesa o
       decepción

Saca una gota de sangre como

Sí,

Nada.

# Maldigo el olvido a Silvia Vázquez

En el ocaso de la Edad de la Contradicción
Las cosas más comunes traicionan
Con su maldad común las bellas protecciones.
Es palo si boga, palo si no boga.

Llegamos a *una* belleza, por eliminación.
Especie de miniatura espiritual que se lame las almohadillas
de las garras hechas trizas.
He ahí que en la potencia radica.  [Y se va]
Luz que es pócima de dolor.  [Se va]

Maldigo el olvido.

# Y deja la puerta abierta a Etna Iris Rivera

Este es el fin de nuestra amistad.
Ya me contaste tu secreto ahora te vas a tener que ir.
Yo puedo retenerte pero no lo voy a hacer
Porque yo quiero vivir mi héroe.

Cuando era soldado escribía piezas asesinas.
Las noches de campamento formaban un rosario pisciano.
Y no acepté ni bajo la ley de la excepción
Participar en batallas que ni me iban ni me venían.

Cuando era poeta imitaba a un genio
Fugado o liberado de su lámpara por frotación.
La ironía era mi fuerte, y a todos los campesinos concientes
Ofrecía en ella albergue.

Por tantas buenas razones elegí la potencia por sobre la
        impotencia
Y me separé de la mente.
Estábamos, espero, en que la mente no era en lo más
        mínimo confiable.
Por eso nada más, nadie se nos acercaba. No comprendían
        o no les interesaba.

Pero éstas son actuaciones propias
De emociones límite,
Cargas privadas que se llevan sin admiración.
Alimento bueno para gente que no existe.

Crisis de una forma de pensar en principio saludable,
Por costumbre tenida como normal,
Del alma del que ve de más
Pueda o no pagarlo. Ahora vete y, di lo que vas a decir.

# Insensatez a Marta Aponte Alsina

Por ciertos rumores no confirmados
Y ciertos pozos y ciertos abusos.

La luna dél es reportada como intentona .
Afuera están disparando de todos modos.

En eso sus metas físicas reaparecen éditas.
Triple vergüenza, temblor, plagio inconsciente

De un mismo espanto.
En pocas palabras: Por ciertos gozos y ciertos abusos

Y el colmo de la fresquería
Sus manos terminan acariciando las nalgas de la buena.

Alto servicio, el que su vulgaridad le presta.
Mundo de olores y toques y palabras llanas que paran en
        seno.

Si explotaran, pobre de tí.
Que no tenías la culpa que de mi lengua exploradora no
        madurara lo suficiente.

Pobre de mí
Que no tuve la sensatez de quedarme en mi lugar
        tranquilo.

# Mi vida en la frontera a Silvia Alvarez Curbelo

**1.**
No hablo del fin de nuestras civilizaciones. No lo vivo.
Hablo de mi vida en la frontera.
Empecé por el mundo azul de mi impiedad.
Y ahora estoy en el jaspeado de las palabras honradas,
        creadoras de mundos.
Sé vivir entre agradecimiento y odio.
Soy considerado listo.
Estoy en el piso de abajo donde el terror es verdadero y
Donde si no fuera por Eva y el nene y uno que otro anhelo
Me convertiría en un tránsfuga.
Hablo de la violencia que me ha tocado adentro, donde vive
        irrevocable.
Y de la pasta que une lo que la naturaleza produce desunido.
Logros así mueven más de un culto.
Una América paralela
A través de mí responde.
No soy testigo de eso que parece
Pero no es.
Hablo el plural de eventos unívocos.

**2.**

Cada poeta asume un principio para representarle.
Y yo por un tiempo me puse de portavoz del terror.
Alcancé voces graves y profundas castas.
Quizás te tuve a ti [aunque sintiera que condescendías].

*Qué pena*, se dice, *que no haya podido salir de él* [de mí].
Y es que no se dan cuenta que fui uno de los únicos
Que logré salir de él [de mí] y obviamente confunden esto
      conmigo.
Pero es verdad : es una pena.

**3.**

Ya no tengo ilusiones sustentadoras.
Trabajo y trabajo por inercia.
Perdí el interlocutor, chévere,
Perdí la razón para artificiar.
Mi espejo distorsiona todo lo que refleja, lo anula.
Ya no me pregunto por qué.
Sé por qué: porque sí.

Soy el obrero de la familia, recibo poco agradecimiento,
      soy de poco agrado y doy poca gracia.
Huyen de mí los que viven de admirar ideas
Y en cualquier momento me puedo quedar en la calle
      posiblemente más jodido que el más jodido.

Porque el más jodido puede que no sepa lo que le pasa,
Pero yo...

# Los cantos del coquí solitario

a Loreina Santos Silva

O LAS HIBICIONES DE LOS DEMAS NO TIENEN QUE
AFECTARNOS TANTO
O NOTICIAS DULCES DE LA NEGACION

Orto se llama.
Es puro, no le temas.
Dura, si nada se interpone de lo anterior.
No hace caso.
Las hibiciones ajenas han sido previstas.

Insignias de luna esperada y arribada.
Calces de una historia impensada que deshacen las excusas.
Acidos de las guerras activas que cunden al mundo
Y acompañándolos tríos de ases y de paces y de haces.
No dejan salida.

No encontrada la enemiga que usaba sus nombres,
No vista la hora
En que el alba le dictará en algún arpegio
Su dulce desistir o desexistir [no se escucha bien]
Ante una enfermedad aborigen,
Nada quedándose:

Lágrimas en el baño
Por memorias de otras personas y otras calmas.
Entradas que nunca salvaron a nadie, ni al cazador
Ni al hada, ni a las niñas de una elegía impertinente
Que engloba al Exterior
Y que sé inasible.

Así de inasible :
El freno hipománico, centro de todo desear
Con su imagen estándar y su permiso de imán.
[Su ansia de imagen aventurada, con sus escamas
Gruesas de sangre y del espacio guberna
Mental]

Iris estiloide de una virtud por eliminación.
Fin de una semana-paradigma, su señoría.
Sin nada haber pasado
El prisma abierto en el fondo, animal flotante a
Su alrededor
En un Puerto Rico de tarjeta postal.

Libre sobre su palabra.

## CANTADA

Por ti me he vuelto sincero

como en la guerra el guerrero

y en el mar el marinero.


Porque en la ley de la tierra

cada cosa en su lugar,

como el guerrero en la guerra

y el marinero en el mar.


José Coronel Urtecho (1906- ), de
*POL-LA D'ANANTA KATANTA PARANTA,
Imitaciones y Traducciones(1970)*

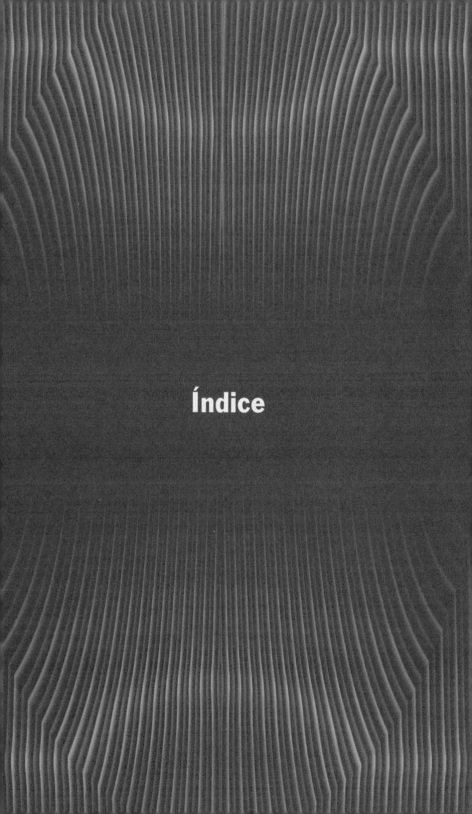

# Índice

Juan José Bonilla

se sentó en la hornilla

y empezó a gritar

Má... má, ¡que caliente está!

Canción infantil